東北偉人《いじん》物語

東北6つの物語

編著／みちのく童話会
装画／ふるやま たく

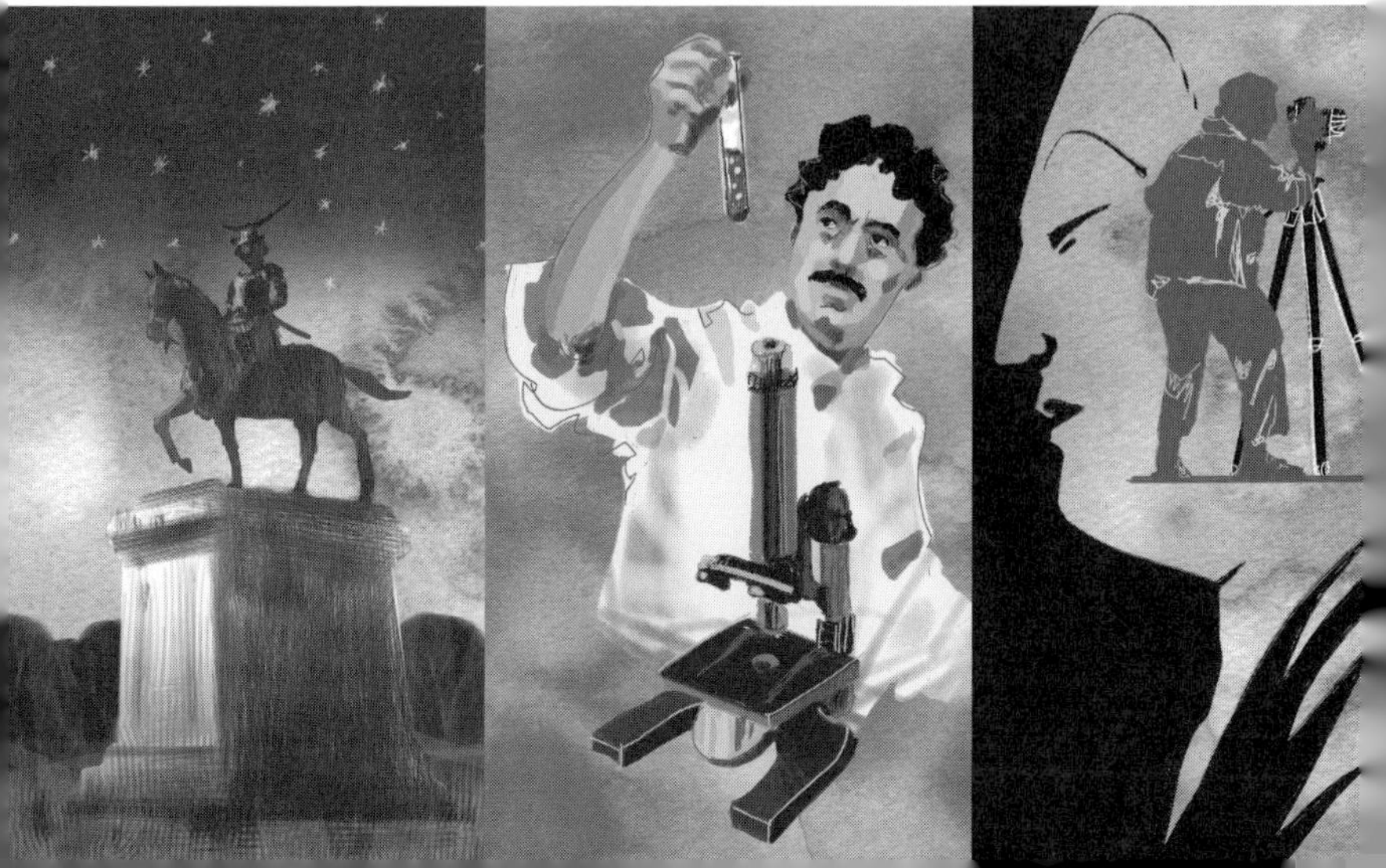

もくじ

秋田県《あきたけん》

南極《なんきょく》をめざして
——探検《たんけん》家《か》白瀬《しらせ》矗《のぶ》

おおぎやなぎ ちか

「氷山だ」

「南極《なんきょく》だ！　大陸《たいりく》が近いぞ」

一九一一年（明治《めいじ》四十四年）、白瀬《しらせ》中尉《ちゅうい》率《ひき》いる、南極探検隊《たんけんたい》一行は、木造《もくぞう》の帆船《はんせん》を改造《かいぞう》した開南丸《かいなんまる》で、世界でまだだれも立ったことのない南《なん》極点《きょくてん》をめざしていた。

一・わんぱく時代

ちょんまげに刀をさしたお侍《さむらい》がいた江戸時代《えどじだい》が、もうじき終わりになるころ。

鳥海山《ちょうかいさん》のふもと、現在《げんざい》の秋田県《あきたけん》にかほ市で、ひとりの男の子が生まれた※1。寺の長男として、知教《ちきょう》と名づけられたその子こそ、のちの白瀬《しらせ》矗《のぶ》である。

家の裏《うら》は山、そして日本海《にほんかい》がすぐ目の前だ。村の子どもたちは山をかけまわり、海で泳いだ。

「よし、行けー！」

その先頭を走るガキ大将《だいしょう》が、矗だ。海に日が沈《しず》み、あたりが暗くなっても、家に帰らない。そんな毎日だった。その〝わんぱくぶり〟を、いくつかあげてみよう。

あるときは、お墓《はか》に供《そな》えられている餅《もち》をつまみ食いして、しかられ、あるときは、漁師《りょうし》が釣《つ》ってきた魚をねらうキツネに飛《と》びかかった。キツネは必死《ひっし》にもがいて、しっぽだけを轟《のぶ》の手に残《のこ》して逃《に》げた。そのしっぽは、長く轟の生家である寺に残っていたという。

またあるときは、飼《か》っていた子犬がオオカミにさらわれ、草刈《か》り用の鎌《かま》を手にし、森に追いかけた。しかし、すでにオオカミの餌食《えじき》となった子犬の骨《ほね》があたりに散《ち》らばっていた。

「ひでえ。かわいそうに……」

怒《いか》りで、体がわなわなとふるえた。オオカミに仕返しをしたい。しかし自分も襲《おそ》われては大変《たいへん》だ。轟はそばにあった松《まつ》の木にのぼった。すると、オオカミたちは人間のにおいをかぎつけ、現《あらわ》れた。

「グルルル、ググ」

うなり声をあげ、矗《のぶ》のいる木を取り囲《かこ》む。

「グワーッ!!」

牙《きば》をむき出した一匹《ぴき》が、幹《みき》をかけあがってきた。

「こいつっ」

矗は、無我夢中《むがむちゅう》でそいつの鼻に鎌《かま》をふりおろした。オオカミは、真《ま》っ逆《さか》さまに落ちる。しかし、かわって別《べつ》の一匹がかけあがってくる。矗もオオカミも必死《ひっし》だった。なんとか、三匹《びき》のオオカミを撃退《げきたい》すると、オオカミたちはあきらめ、森の奥《おく》へ逃《に》げ去っていった。

ふう、助かった。でも、今降《お》りたらまたやつらが戻《もど》ってきて、たちまちやられる。矗は、顔見知りのおじさんが近くを通りかかって助けてくれるまで、木の上にいた。

屋根から落ちたこともある。弟と凧揚《たこあ》げをして、飛《と》ばしてしまった凧を取ろうとし、観音堂《かんのんどう》の屋根にのぼったものの、足をすべらせたのだ。気絶《きぜつ》してしまうほどの衝撃《しょうげき》を受け、額《ひたい》には深い傷《きず》を負っていた。はっと意識《いしき》を取り戻《もど》した矗《のぶ》は弟にささえられ、池まで歩いた。

顔を洗《あら》うと、池の水がみるみるうちに、血で赤く染《そ》まっていく。そんな大ケガでも、池の浮《う》き草《ぐさ》をもんで傷口《きずぐち》につめ、その上に血止め作用《さよう》のある草をはった。じくじくと痛《いた》み、数日後には、傷口がウミをもったのに、医者には行かず、母からもらったばんそうこうをはってすませた。傷が治《なお》るまでは何日もかかったが、母もまた、矗のわんぱくぶりに慣《な》れていて（またか）と思ったのだろう。命の危険《きけん》におちいる場合もある。決してまねをしてはいけない。

海にもぐり、船の下をくぐる遊びもした。山にものぼった。

「あっ、飛島《とびしま》のむこうさも海がある！」

矗《のぶ》は、息をきらしてのぼった鳥海山《ちょうかいさん》の頂上《ちょうじょう》から日本海《にほんかい》を見おろし、叫《さけ》んだ。海のむこうにぽつんとある小さな島が、飛島だ。それまで矗にとっては、そこが海の果《は》てだった。しかし、そのむこうにも海があることを知ったのだ。

自分には知らない世界がまだまだある。

そこにいつか行ってみたい。

こうして、まだ見ぬ世界へ思いをはせていた。

※1　白瀬矗《しらせのぶ》が生まれたのは、一八六一年（文久《ぶんきゅう》元年）。

二．探検家《たんけんか》になるぞ！

轟《のぶ》は八歳《さい》から寺子屋《てらこや》で学びはじめた。当時はまだ今のような学校がなく、物事をよく知っている大人が、寺などで子どもたちに、読み書きやそろばんでの計算方法を教えたのだ。

轟が教わったのは、医師《いし》の佐々木節斎《ささきせっさい》先生だ。この先生との出会いが、轟の将来《しょうらい》を決定づけた。

十一歳になったある日、先生は、アメリカ大陸《たいりく》を発見したコロンブスや世界一周《いっしゅう》をしたマゼランの話を聞かせてくれた。苦難《くなん》を乗り越《こ》え、だれも行ったことのない地を探検《たんけん》した人たちがいる。なんて勇敢《ゆうかん》なんだろう。

そして、先生は言った。

「北極《ほっきょく》は、地球の北の端《はし》にあって、一年中、一面が雪と氷の世界だ。そんなところまで探検《たんけん》しようとする西洋人はすごいじゃないか」

矗《のぶ》は目を輝《かがや》かせ、先生の話を聞いていた。

「このままでは、日本は取り残《のこ》されてしまう」

なんだど。

同じ人間じゃないか。西洋人にできて日本人にできねごとなんて、あるもんか。

負けでぐね。

負けずぎらいの矗は、小さないなか町の寺子屋《てらこや》で、くちびるを噛《か》みしめ、決心した。

一週間後の夜。矗はひとりで節斎《せっさい》先生の家をおとずれた。

すうー、ふうー。大きく息を吸《す》い、静かにはく。

「ごめんください」

先生の部屋へ通された轟《のぶ》は、畳《たたみ》に両手をつき、先生を見あげた。

「先生、おらは、北極探検家《ほっきょくたんけんか》になりて」

先生は、かっと目を見開き、轟をにらんだ。ううっ、体に、先生のするどい視線《しせん》がつきささるみたいだ。先生、「よく決意した」と言ってくれ。

轟は、先生の言葉を待った。だが……。

「おまえにその資格《しかく》はない」

ただひと言《こと》そう言われ、帰された。

次の日も、また次の日も。それでもあきらめず、先生のもとへかよい続《つづ》けた。

そして、七日目のこと。とうとう先生が、根負けをした。

「それでは、探検家《たんけんか》となるための心構《こころがま》えをおまえに教える。よいか、ずっとこの教えを守るのだぞ」

「はいっ」

矗《のぶ》はきちんと座《すわ》り直し、頭をさげた。先生が矗に伝《つた》えた心構え、それは次の五つのことだった。

一、酒を飲むべからず

二、タバコを吸《す》うべからず

三、茶を飲むべからず

四、湯を飲むべからず

五、寒中でも火に当たるべからず

（寒い日でも、暖房器具《だんぼうきぐ》で、体を温めない）

「べからず」というのは、「してはいけない」ということ。一と二は、子どもの矗《のぶ》にとってはあたり前のこと。大人でも、今のアスリートなら、守っている人も多いだろう。だが、お茶もお湯も飲まないというのは、大変厳《たいへんきび》しいことだ。水分をじゅうぶんに取るのは人間の体には必要《ひつよう》なことでもある。そのころ冬は、今のストーブやエアコンのかわりに、囲炉《いろ》裏《り》や火鉢《ひばち》を使っていた。それもダメだというのだ。寒い東北地方《とうほくちほう》では、つらいことではないか。

北極《ほっきょく》を探険《たんけん》するのならば、温かいもので体を甘《あま》やかしてはならないという、先生の考えだった。

矗は、探検家になりたい一心で、言いつけを守った。

三・先を越《こ》される

成長《せいちょう》し、実家のお寺を継《つ》ぐため入学した東京《とうきょう》の宗教学校《しゅうきょうがっこう》を、矗《のぶ》は二か月でやめる。負けずぎらいだったため、いなか者とバカにしてくる同級生や年上の者とひるまずケンカをし、教師《きょうし》の言いつけは守らず停学《ていがく》※2になる。そんなことが重なり、つくづくいやになったのだった。その後は、軍人《ぐんじん》となった。

お寺は弟に継いでもらおう。

そう決めて、名前を、お寺のあと継ぎとしての「知教《ちきょう》」から、自分の夢《ゆめ》につき進むため、「まっすぐに立つ」という意味の「矗」に変《か》えた。

北極《ほっきょく》に行きたいという夢は、ずっと抱《いだ》き続《つづ》けていた。

その後、軍人として、仙台《せんだい》で訓練《くんれん》を続けていた一八九〇年秋。矗は将《しょう》軍《ぐん》にその夢《ゆめ》を打ち明けた。すると、大いにはげまされた。そして、「いきなり北極《ほっきょく》へ行くのは無理《むり》だ。まずは千島列島《ちしまれっとう》へ向かえ」と言われる。

なるほど、まずは千島に！

千島列島は、北海道《ほっかいどう》の北東にある島々だ。ふるさと秋田《あきた》よりも、さらに北にある、寒さの厳《きび》しい地だ。

矗《のぶ》の心は、もう千島に飛《と》んでいた。しかし探検《たんけん》はひとりではできない。ばく大な資金《しきん》も必要《ひつよう》だ。資金を集めて助けてくれたのは、ふるさと秋田の人々だった。またそのころ、海軍で、まだ人の住んでいない千島列島を調べる計画があったので、その探検隊《たんけんたい》に入れてもらい、経験《けいけん》を積《つ》むことにした。

最初《さいしょ》に上陸《じょうりく》したのは夏だったが、服を何枚《まい》も重ねなくてはならないほど、寒かった。冬になっては、なおさらだ。

ほとんどの隊員《たいいん》が体調をくずした。ひとりは、氷に閉《と》ざされた小屋の中で、矗《のぶ》にもたれたまま息絶《いきた》えた。同じように、もう二名が死んだ。しかもその死体を動かすこともできない。春が来るまで、死体といっしょにいなくてはならなかった。

しかし、矗はくじけなかった。これで北極《ほっきょく》をめざすことができるという自信《じしん》もついた。千島列島《ちしまれっとう》の北東の端《はし》にある島には二年間もいた。

月日は流れる。日本はロシアと戦争《せんそう》を始め、矗も戦地へ行くことになった。日本では仙台《せんだい》、札幌《さっぽろ》、東京《とうきょう》と移《うつ》りながら、軍人《ぐんじん》としても中尉《ちゅうい》まで出世していた。結婚《けっこん》し、子どもも生まれた。

その間も北極探検《ほっきょくたんけん》の夢《ゆめ》を、しっかりと抱《いだ》いていた。

ところが一九〇九年、轟《のぶ》四十八歳《さい》のとき、アメリカのピアリーが北極《ほっきょく》点《てん》に着いたというニュースが流れた。

なんということだ。先を越《こ》されてしまった……。

節斎《せっさい》先生の教えを守り、家族が火鉢《ひばち》にあたっていても、部屋のすみで寒さをこらえ、みそ汁《しる》も冷《さ》めるまでは飲まなかった。もちろん、大人になっても、酒も飲まず、タバコも吸《す》わない。ひたすら体を鍛《きた》えてきた。すべて北極探検《たんけん》のためだったのに……。

くやしい。

腕《うで》を組んで天井《てんじょう》をにらみつけ、何かぶつぶつつぶやいては、涙《なみだ》をこぼした。部屋をうろうろと歩きまわり、ろくに食事もとらず、真夜中にがばっとはね起き、暗がりでじっとしている。そんな日が続《つづ》いた。

※2　学校の規則《きそく》を守らない生徒に対して、一定期間の登校を禁止《きんし》すること。

四・南極《なんきょく》をめざす

矗《のぶ》は、あきらめなかった。

ならば、南極《なんきょく》をめざそう。

日本は地球の北側《きたがわ》、北半球にある。そこから北極点《ほっきょくてん》を夢《ゆめ》見ていた。今度は、その真逆《まぎゃく》、地球の反対側である南極のことばかりを考えた。

そのころ、すでにイギリスやロシアは、観測目的《かんそくもくてき》で、探検隊《たんけんたい》を南極に送っていた。それぞれ、新しい島や大陸《たいりく》の湾岸《わんがん》などを発見している。が、どの国の探検隊も、ブリザード※3にはばまれたり、病気になったりして、南極点より手前で引き返している。ふだん生活している土地より何十度も気温の低い《ひく》地ですごすとは、それほど大変《たいへん》なことなのだった。

なかでも、南極探検で有名なのは、ノルウェーのアムンセンとイギリスのスコットだ。

アムンセンを隊長《たいちょう》とした探検隊《たんけんたい》は、当初北極点《とうしょほっきょくてん》をめざしていたが、途《と》中《ちゅう》で、ピアリーが北極点に到達《とうたつ》したことを知り、目的地《もくてきち》を南極に変更《へんこう》した。また、スコット大佐《たいさ》による南極点への到達計画も発表された。

南極点をめざすレースの始まりだ。

ところが、矗《のぶ》たち一行は、ほかの探検隊にくらべ、スタートの時点で、かなりのハンディを負っていた。

北極をめざしていたときから、矗は、新聞社や政治家《せいじか》、有力な実業家《じつぎょうか》などに何度も頭をさげ、協力《きょうりょく》を求《もと》めてきた。しかし、なかなか費用《ひよう》を出してもらうことはできなかった。

講演会《こうえんかい》を開き、探検の意義《いぎ》を世間《せけん》に訴《うった》えた。そうやってやっと探検資《し》金《きん》が寄付《きふ》という形で集まった。弟は、お金を借《か》りてくれた。

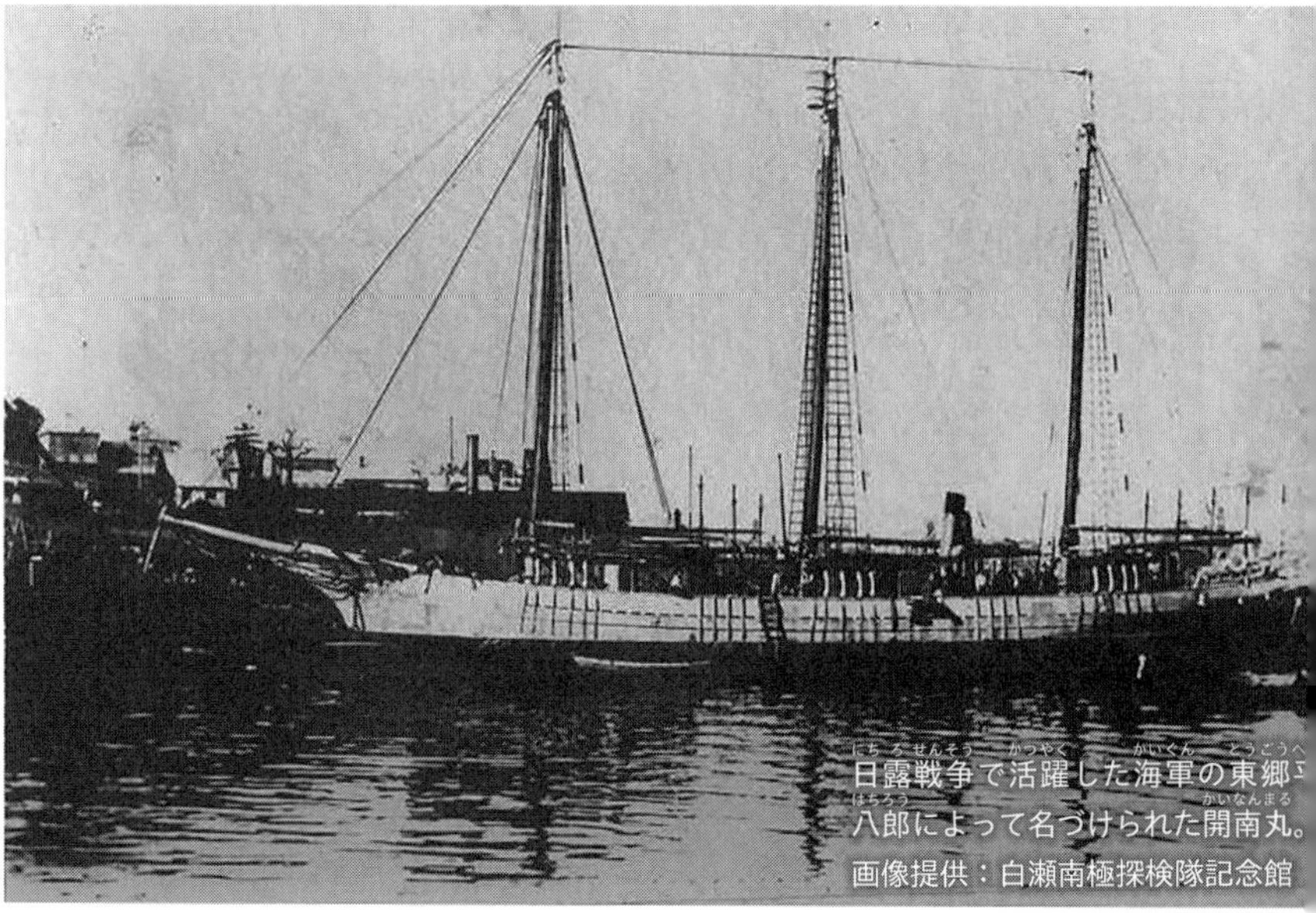

日露戦争《にちろせんそう》で活躍《かつやく》した海軍《かいぐん》の東郷平《とうごうへ》八郎《はちろう》によって名づけられた開南丸《かいなんまる》。
画像提供：白瀬南極探検隊記念館

用意できた船、開南丸《かいなんまる》は二〇四トン。木造《もくぞう》の帆船《はんせん》を改造《かいぞう》したものだった。現在《げんざい》の南極観測船《なんきょくかんそくせん》「しらせ」が、一二六五〇トンと知れば、開南丸がいかに小さなものだったかがわかるだろう。船体の長さは、およそ三十メートルだった。

その開南丸に、隊長《たいちょう》白瀬《しらせ》矗《のぶ》、八人の探険隊員《たんけんたいいん》、十八人の船員、二十九頭の寒さに強いカラフト犬が乗りこんだ。国旗《こっき》である日の丸と南十字星《みなみじゅうじせい》模様《もよう》の探検旗《たんけんき》を高々とかかげた。

鳥海山《ちょうかいさん》のてっぺんで、はるか彼方《かなた》を見ていた少年矗《のぶ》は、このとき四十九歳《さい》。日本には二十六歳のときに結婚《けっこん》したヤスと六人の子どもがいた。

※3　猛吹雪《もうふぶき》をともなうこごえるような強風。

南極探検隊《なんきょくたんけんたい》のメンバー。最前列《さいぜんれつ》の左から5番目中央で軍帽《ぐんぼう》をかぶっているのが白瀬矗《しらせのぶ》。白瀬の右でステッキを持っているのが南極探検後援会長《こうえんかいちょう》の大隈重信《おおくましげのぶ》。
画像提供：白瀬南極探検隊記念館

五．いったん、引き返す

一九一〇年（明治《めいじ》四十三年）、十一月二十九日。

開南丸《かいなんまる》は、東京《とうきょう》・芝浦《しばうら》の港を出航《しゅっこう》し、横浜港《よこはまこう》に寄《よ》った。さらに広い太《たい》平洋《へいよう》に進み出るころには、太陽が西にかたむき、空はオレンジ色にそまっていた。

「見ろ。富士山《ふじさん》だ」

ふり向けば、夕日に輝《かがや》く富士山がそびえている。日本一の山に別《わか》れを告《つ》げ、矗《のぶ》たちは、南極《なんきょく》へ向かった。

しかし、その後三日間は、嵐《あらし》だった。

波間を揺《ゆ》れる船は、まるで、木の葉のようだ。デッキの上をころがってしまうこともあり、油断《ゆだん》すると海に放り出されてしまう。体をひもで柱に結《むす》びつける船員もいた。

日本を離《はな》れたばかりで沈《しず》んでしまったら、こんな情《なさ》けないことはない。

轟《のぶ》や船員たちは、気持ちを一つに合わせ、必死《ひっし》に船をあやつった。

こうして嵐《あらし》を乗り越《こ》え、赤道《せきどう》を通過《つうか》。海が穏《おだ》やかな日はマグロを釣《つ》って食べ、泳いできたペンギンをつかまえたりしながら、開南丸《かいなんまる》は南へ進んだ。

「氷山だ！　氷山だ！」

一九一一年（明治《めいじ》四十四年）二月二十八日、ついに、南極圏《なんきょくけん》※4の近くまで来た。

北半球と南半球とでは、季節《きせつ》が逆《ぎゃく》。二月は、南半球では夏なのに、ここ、南極圏近くでは寒い。

しかし、寒い極地《きょくち》だからこそのよろこびもある。

夜空に浮《う》かぶオーロラを見たときは、その美しさに心をうばわれた。日本では、決して見ることができない光景《こうけい》だ。

おれたちは、ここまで来たんだ。

船のまわりは、どんどん氷におおわれてくる。その氷をさけながら進む。船に氷がぶつかる音がした。

しかも、吹雪《ふぶき》で先が見えない。そんななかを進まなくてはならなかった。

ある夜中、矗《のぶ》はものすごい音と衝撃《しょうげき》で、はね起きた。

な、なんだ。船がくだけたか。

これまでか……！

いや、だいじょうぶだ。無事だ。ところが、ほっとしたのも束《つか》の間《ま》、今度は大波を受け、船が上に向かって立ちあがるかのようになった。あるときは、逆《ぎゃく》に下に向かって沈《しず》んでしまうかと思った。

このまま進んでは、南極点《なんきょくてん》に着く前に船が壊《こわ》れ、船員は命を落とす。無理《むり》だ。今回はあきらめるしかない。

矗《のぶ》は引き返す決意をした。

そして、南半球で最《もっと》も寒さの厳《きび》しい期間を、オーストラリアの都市、シドニーの公園にテントをはり、再出発《さいしゅっぱつ》の時期を待った。

※4　南緯《なんい》66度33分以南《いなん》の地域《ちいき》。

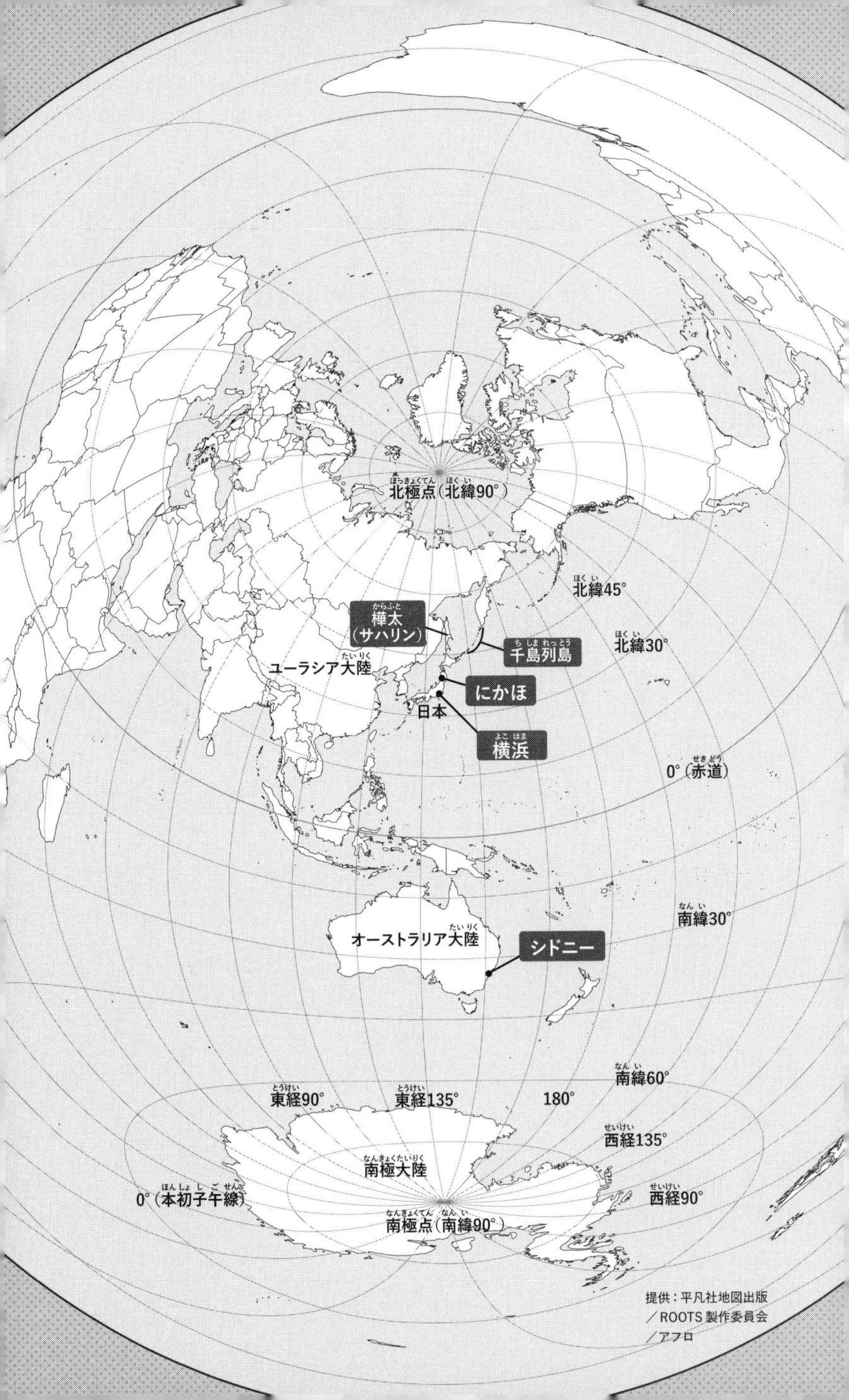

提供：平凡社地図出版
／ROOTS 製作委員会
／アフロ

六．南極大陸《なんきょくたいりく》での明暗

翌《よく》年一月、開南丸《かいなんまる》は、ふたたび、流氷《りゅうひょう》の間を進んでいた。南極大陸《なんきょくたいりく》は、目の前だ。

どこかに上陸《じょうりく》したいが、氷河《ひょうが》にはたくさんのクレバス※5があり、危《き》険《けん》だ。比較的《ひかくてき》安全と思われる鯨湾《くじらわん》で錨《いかり》をおろした。その名のとおり、クジラがたくさんいる湾だ。

南極大陸だ。

少し前には、ノルウェーの国旗《こっき》をかかげたアムンセン隊《たい》の船、フラム号を見かけてもいた。

開南丸から二人がフラム号をおとずれたが、フラム号は、氷でおおわれた海を航海《こうかい》しやすいよう、船底《ふなぞこ》が丸みをおび、気象観測《きしょうかんそく》のための設備《せつび》も整っている。船室も食堂《しょくどう》も、大変豪華《たいへんごうか》なものだった。二人は、自分たちの船とのちがいに、おどろいた。一方開南丸《かいなんまる》にやってきたフラム号の船員は逆《ぎゃく》に、「こんな船では、わたしたちだったら、とうていここまではいや途中《とちゅう》までも来ることはできなかった」と目を丸くした。開南丸はフラム号の半分ほどの大きさしかなかったのだ。

さあ、上陸《じょうりく》だ。

まずは船を湾《わん》の入口に停《と》め、険《けわ》しい氷の崖《がけ》がある丘《おか》のふもとまで進む。氷の急斜面《きゅうしゃめん》をのぼって、頂上《ちょうじょう》から地形を確認《かくにん》し、安全な上陸地点を決めた。

一月十七日午前0時。真夜中だが、この時期、南極《なんきょく》は、白夜《びゃくや》といって、一日中昼のように明るい。

しかし実はこの日、南極点には、イギリスのスコット隊《たい》が、いや、そのさらに前、十二月十四日に、アムンセン隊《たい》が到達《とうたつ》していた。開南丸《かいなんまる》の船員とやりとりをしたフラム号の船員は、アムンセン隊長一行の帰りを待っていたのだ。今のように、無線機《むせんき》でのやりとりができないので、フラム号の船員も、そして矗《のぶ》も、そのことを知らずにいたのだった。

スコット隊は、自分たちの南極点到達《なんきょくてんとうたつ》が世界初《せかいはつ》ではなかったことを知り、絶望《ぜつぼう》する。しかも、南極点に向かった全員が遭難死《そうなんし》するという悲劇《ひげき》的《てき》な結果となっている。

世界初の南極点到達を成《な》しとげたアムンセン隊。

アムンセン隊に遅《おく》れて南極点に立ったものの、祖国《そこく》に帰ることのできなかったスコットたち。

アムンセンとスコットは、世界中からほめたたえられた英雄《えいゆう》と、悲劇の人として有名だ。だが同じ時期に、日本の白瀬矗《しらせのぶ》もまた南極をめざし、じゅうぶんな装備《そうび》のない船で、厳《きび》しい大自然《だいしぜん》に立ち向かっていたのだ。

※5　氷河《ひょうが》にある深い割《わ》れ目《め》。

七.大和雪原《やまとゆきはら》

朝目覚《めざ》めると、雪で口をすすぎ、手を洗《あら》う。

白瀬探検隊《しらせたんけんたい》は、防寒着《ぼうかんぎ》に毛皮の靴《くつ》をはき、雪メガネをかけ、進む。十四、五頭の犬が、ソリをひく。人はソリには乗らない。食糧《しょくりょう》をのせるのだ。

気温は氷点下二十二度。まわりには、白一色の世界が果《は》てしなく広がっている。何も音がない。一羽《わ》の鳥すら見かけなかった。

日本人で、ここに来た者はいまだかつていない。わたしたちはそこにいるのだ。そう思えば、どんな寒さも、クレバスの危険《きけん》もおそれるものではない。

進め、進め。

六日目には、大吹雪《おおふぶき》となった。もはや、前も後ろも見えない。気づくと後ろにいたはずのソリも見失《みうしな》っていた。

矗《のぶ》は、数本の竹竿《たけざお》を雪にさし、これにカンバス（帆《ほ》にする布《ぬの》）をはり風よけとし、その中で寒さをしのいだ。

「おーい、おーい」

どこからともなく、声が聞こえた。

よかった。離《はな》れてしまった隊員《たいいん》たちと、無事《ぶじ》に再会《さいかい》できた。

南極点《なんきょくてん》までは、あとわずかだ。

子どものころからの夢《ゆめ》がすぐそこにある。

だが矗は進むのをやめた。これ以上《いじょう》進めば、食糧《しょくりょう》が不足し、飢《う》え死《じ》にしてしまう。隊員たちの体力も限界《げんかい》に達《たっ》している。

南緯《なんい》80度5分地点に立ち、一帯《いったい》を大和雪原《やまとゆきはら》と名づけた白瀬隊《しらせたい》。
画像提供：白瀬南極探検隊記念館

隊員《たいいん》たちの命を守ることを最優先《さいゆうせん》とした、隊長としての決断《けつだん》だった。

深さ一メートルの穴《あな》を掘《ほ》り、銅《どう》の箱を埋《う》めた。中に入れたのは、この探険《たんけん》を応援《おうえん》してくれた人たち、一万人以上《いじょう》の人の名前を書いたものだった。

「バンザイ」

「バンザイ」

全員がバンザイをした。

さらに、箱を埋めた上に日の丸のついた竹竿《たけざお》を立て、矗《のぶ》は宣言《せんげん》した。

「ここを大和雪原《やまとゆきはら》※6と名づけ、日本

領土《りょうど》とする！」

大和《やまと》というのは、日本を表《あらわ》す昔からの言葉だ。

見渡《みわた》すかぎり白い世界の中で、日の丸の赤は小さな点にすぎず、風によって形を変《か》えた。でも矗《のぶ》たちには、太陽の光が集まっているように見えた。

矗は隊員《たいいん》たちよりも、ひと足先に帰国。残《のこ》りの探検隊《たんけんたい》は、一人の死者も出さずに芝浦《しばうら》で、五万人もの人たちの大歓迎《だいかんげい》を受けた。しかし、当時の政府《せいふ》は探検費用《ひよう》を出さず、その成果《せいか》をたたえることもなかった。

貧《まず》しい暮《く》らしのなかで、現在《げんざい》のお金にすると一億《おく》円以上《いじょう》の借金《しゃっきん》を返済《へんさい》するという矗の新たな苦労《くろう》が始まった。

東京《とうきょう》にあった家を手放し、大事にしていた軍服《ぐんぷく》などもすべて売り払《はら》った。南極《なんきょく》で撮影《さつえい》したフィルムを持って、全国を講演《こうえん》してまわった。皇太子殿下《こうたいしでんか》からねぎらいのお言葉と特別手当《とくべつ》もいただいたが、矗《のぶ》は、そのお金を隊員《たいいん》全員に分けた。

知り合いを頼《たよ》って点々と住む家を変《か》え、ようやくすべての借金《しゃっきん》を返済《へんさい》できたのは、南極から帰って二十三年後だった。

しかし希望《きぼう》のひとときもあった。一九二七年（昭和《しょうわ》二年）には、アムンセンが来日した。矗は、彼《かれ》に会いに行く。

「オー！　開南丸《かいなんまる》、開南丸」

アムンセンは、矗の手をにぎりしめた。探検王《たんけんおう》らしく堂々《どうどう》とした身だしなみのアムンセンに対して、矗は浴衣《ゆかた》に借《か》りものの夏羽織《なつばおり》をまとっただけという貧《まず》しい姿《すがた》だった。矗は「きみは今どうしているのか」とたずねてくるアムンセンを、涙《なみだ》を浮《う》かべ、ただ見つめていたという。

二人の間には、同じ時期に南極《なんきょく》をめざしたからこその結《むす》びつきがあったのだ。

白瀬矗《しらせのぶ》は、一九四六年（昭和《しょうわ》二十一年）、愛知県豊田市《あいちけんとよたし》の魚屋の二階で八十五歳《さい》の生涯《しょうがい》を静《しず》かに閉《と》じた。海南丸《かいなんまる》よりもはるかに小さな部屋で、矗はふるさと秋田《あきた》の海、そして南極へ向かっていたときの海を思い出していたのではないだろうか。

・・・・・・・・・・・・・・・・・・・・

矗が、日本の領土《りょうど》として日の丸を立てた「大和雪原《やまとゆきはら》」は、実は大陸《たいりく》ではなかったことが、矗の死後、観測《かんそく》でわかった。もし南極の氷がとけることがあったら、なくなってしまう〝まぼろしの大陸〟だったのだ。

白瀬矗《しらせのぶ》の肖像写真《しょうぞうしゃしん》。
画像提供：白瀬南極探検隊記念館

しかし、彼《かれ》らの探検《たんけん》がむだだったはずはない。

二〇二四年（令和《れいわ》六年）十一月二十日。第六十六次南極観測隊員《なんきょくかんそくたいいん》を乗せた南極観測船「しらせ」が、南極へ向けて出発した。

南極観測船の名は、第一次〜第六次隊までが、「宗谷《そうや》」、第七次〜第二十四次までが「ふじ」。その後、第二十五次からは「しらせ」となっている。南極観測船の名前には、人名は使わない規則《きそく》のため、「しらせ」は、「白瀬氷《しらせひょう》河《が》」を由来としているが、「白瀬氷河」は、白瀬矗《しらせのぶ》を記念《きねん》して名づけられた。矗の業績《ぎょうせき》が見直されたと、とらえることができるだろう。

今、世界中の国々が、南極《なんきょく》にそれぞれの基地《きち》を置《お》き、地球温暖化《ちきゅうおんだんか》の現状《げんじょう》などの観測《かんそく》を進めている。

南極観測船「しらせ」が南極の氷海を進み、観測したデータも、地球の未来《みらい》のため、使われることだろう。

※6 「大和雪原《やまとゆきはら》」は、南緯《なんい》80度5分の地点。地球儀《ちきゅうぎ》や地図で調べてみよう。

【協力】白瀬南極探検隊記念館

【参考文献】

・白瀬京子『雪原《ゆきはら》へゆく　わたしの白瀬矗』（南極探検隊長白瀬矗追彰会、一九八六年）
・白瀬矗『白瀬矗　私の南極探検記』（日本図書センター、一九九八年）
・池田まき子『まぼろしの大陸へ　白瀬中尉南極探検物語』（岩崎書店、二〇一〇年）

山形県《やまがたけん》

鬼《おに》と呼《よ》ばれた写真家・土門拳《どもんけん》

井嶋《いじま》 敦子《あつこ》

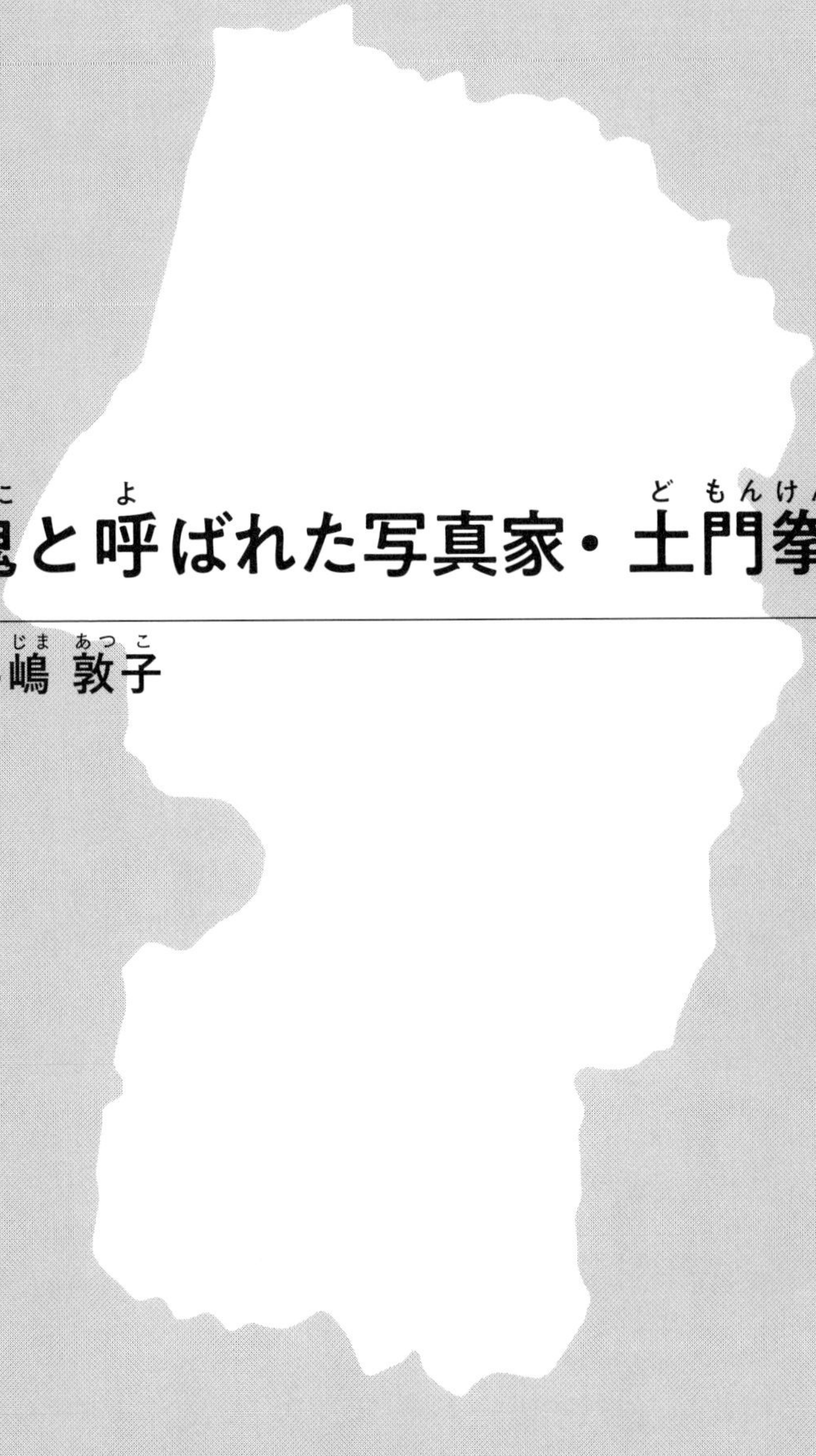

「土門拳《どもんけん》はぶきみである。土門拳のレンズは人や物を底《そこ》まであばく」

彫刻家《ちょうこくか》・詩人の高村光太郎《たかむらこうたろう》はこう言って土門拳をほめました。

〝人や物を底まであばく〟とはどういうことなのか。また土門拳は「写真の鬼《おに》」と呼《よ》ばれました。それはなぜなのか。

写真家・土門拳は、どんな人だったのでしょう。

画家をめざした少年時代

土門拳《どもんけん》は、一九〇九年、山形県酒田市《やまがたけんさかたし》に生まれました。貧《まず》しい家だったため、父は北海道《ほっかいどう》へ働《はたら》きに行き、母は看護師《かんごし》の仕事につきます。幼《おさな》い土門は母方の祖母《そぼ》に育てられました。

ある日、家に借金取《しゃっきんと》りがやってきました。

「借《か》りた金どご、今すぐ返せ！」

土門は、こわくてこたつにもぐり、耳をふさぎます。

玄関口《げんかんぐち》に出た祖母が謝《あやま》っています。

「すんません、あど少し待てくんねがのぉ」

借金取りのどなり声がさらに大きくなり、祖母の泣《な》き声も耳に入ってきます。

彼《かれ》は、くやしくて悲しくて、

「貧乏《びんぼう》ださげ、貧乏ださげ、ばあちゃん泣《な》かねばなんねんだ」

こたつの中で声を殺《ころ》して泣き、貧《まず》しさを呪《のろ》いました。

そんななかでも土門《どもん》は意地《いじ》っ張《ぱ》りで負けん気が強く、相当ないたずら坊主《ぼうず》でした。

五歳《さい》のとき、第一次世界大戦《だいいちじせかいたいせん》が始まりました。日本はドイツ軍《ぐん》の拠点《きょてん》だった中国《ちゅうごく》の青島《チンタオ》を攻《せ》め落とし、この勝利《しょうり》をお祝《いわ》いしようと、酒田《さかた》の町は火の灯《とも》った提灯《ちょうちん》を持った人々（提灯行列）で、あふれ返りました。

そんなおまつり騒《さわ》ぎに、だまっていられる土門ではありません。

「オレもいっちょお祝いすんべ」

たまたま床《とこ》の間《ま》の掛《か》け軸《じく》がはずされ、広い壁《かべ》がありました。

「おっき絵どご描《か》ぐのにいいねが！」

彼《かれ》は墨《すみ》をすり、筆で黒々と床《とこ》の間《ま》の壁《かべ》いっぱいに、お祝《いわ》いの絵を描《か》いたのです。

二本の大きな日の丸の旗《はた》がクロスした絵でした。

それを見た祖母《そぼ》が目を丸くしました。

「なに悪《わる》りごどしてる！」

土門《どもん》が酒田《さかた》にいたのは、このころまででした。

六歳《さい》になると、彼はすでに上京していた両親のもとに行くことになります。

東京《とうきょう》の小学校に入学した土門は担任《たんにん》にほめられました。

「子どもはこんなに書けるものではないですよ」

習字がうまいと言われたのです。土門は卒業《そつぎょう》のときに卒業生代表としてあいさつをするほど勉強もできましたが、父にきまった仕事がなく、引《ひ》っ越《こ》すたびに小学校を変《か》わっていました。

横浜《よこはま》では自然《しぜん》の中の一軒家《いっけんや》に住みました。

このころ、彼《かれ》はたびたび「キツネの嫁入《よめい》り」を見たといいます。

夏の夜、家の前で涼《すず》んでいると、山のふもとに何かが見えました。

「あれはなんだ？　火の玉だ！　赤いのもある、黄色いのも。いっぱいある！」

ドキドキしながらも、数をかぞえました。

「五十……いや、八十個《こ》くらいある。キツネの嫁入りだ！」

火の玉は、つながって明るくふわっと流れ、酒田《さかた》の提灯《ちょうちん》行列は人間でしたが、山で動いているのは、ちがいました。キツネの嫁入り行列です。

「よし、つかまえてやる！」

土門《どもん》は竹の棒《ぼう》を持って火の玉の列に近づきました。

「いやーっ！」

土門《どもん》は棒《ぼう》をふりまわしながら走っていきます。しかし、火の玉の近くまで来ると、火は、ばあーといっせいに消え、遠くに移《うつ》っています。

「ふしぎだなあ。どうしてつかまえられないんだろう」

彼《かれ》はこぶしをにぎりしめました。

土門拳《どもんけん》の名前「拳」は、「こぶし」と読みます。父が自分のこぶしひとつで生きていけるようにと名づけました。このこぶしが、その後カメラをにぎるこぶしになっていきます。

中学一年のとき関東大震災《かんとうだいしんさい》がおこり、町は大きな被害《ひがい》を受けましたが土門の家は無事《ぶじ》でした。しかしいつも貧乏《びんぼう》で、中学二年になると学費《がくひ》が払《はら》えなくなりました。

「もう退学《たいがく》するしかない」

あきらめかけていたとき、
「成績《せいせき》がいいのだから卒業《そつぎょう》させてやろうじゃないか」
教師《きょうし》たちが力になってくれました。おかげで退学《たいがく》をまぬがれましたが
じつはこのころの土門《どもん》には勉強より楽しいことがありました。
それは、絵を描《か》くことでした。授業《じゅぎょう》をさぼって野や山ですごし、絵を
描き、図書館にかよいつめて美術《びじゅつ》や歴史《れきし》の本で絵の勉強をしました。
中学校の記念祭《きねんさい》が近づいたある日、関東大震災《かんとうだいしんさい》でくずれたままの教室
の壁《かべ》の前で、クラスメイトにこう持ちかけます。
「この壁《かべ》に、壁画《へきが》を描こうと思う。手伝《てつだ》ってくれないか」
「どんな絵を描くんだ?」
「アンリ・ルソーという画家が描いた森の絵を知っているか? 羊歯《シダ》が
はびこりふしぎな形の植物が影絵《かげえ》みたいにくっきり描かれた、原始の森

の絵だ」

仲間《なかま》に手伝《てつだ》ってもらい、徹夜《てつや》までして、三日かけて大きな壁画《へきが》を完成《かんせい》させました。

朝、登校してこの壁画を見た生徒たちはおどろきの声をあげました。

「すごい！　ふしぎな森の中にいるようだ！」

震災《しんさい》で見すぼらしくなっていた壁《かべ》が、美しい森に変《か》わっていたのです。

五歳《さい》のころ床《とこ》の間《ま》に、そして教室の壁に絵を描《か》いた土門《どもん》は、画家をめざします。展覧会《てんらんかい》に出品したバラの絵は、みごと入選《にゅうせん》を果《は》たしました。

しかし十七歳になったとき、両親が仲たがいし、土門は母とともに家を出ることになってしまいます。とうぜん生活はさらに苦しくなりました。

十九歳の土門は逓信省《ていしんしょう》（郵便《ゆうびん》・通信《つうしん》・運輸《うんゆ》などの仕事をしていた国の

役所）の倉庫《そうこ》で荷運びの仕事につきます。

このころ、中国《ちゅうごく》の宮廷女官《きゅうていにょかん》を描《えが》いた四世紀《せいき》の絵巻物《えまきもの》、顧愷之《こがいし》の女史箴《じょししん》図《ず》を見る機会《きかい》がありました。

「人が生きているようだ！　こんな天才にオレがかなうわけない」

その絵のすばらしさにショックを受け、彼《かれ》は画家をあきらめたのでした。

目標《もくひょう》を失《うしな》った土門《どもん》は、常磐津《ときわず》（三味線《しゃみせん》と語りからなる浄瑠璃《じょうるり》）に興味《きょうみ》を持ったり、弁護士《べんごし》の書生になったりしましたが、いずれも打ちこめるものではありませんでした。

その後、農民組合《のうみんくみあい》の書記見習《しょきみならい》の仕事につき、世の中に対して批判的《ひはんてき》な運動を活発に続《つづ》けたことにより、彼は数回留置所《りゅうちじょ》に入れられ、つらい拷《ごう》問《もん》も受けました。

「オレは何をしたらいいんだ。こんな暮《く》らしをするなら、死んだ方がましだ……」

仕事もなく、目の前にはいつも死がちらついていました。

報道《ほうどう》写真家への道

土門《どもん》が二十四歳《さい》のとき、ふと、母が言いました。

「おまえ、写真をやる気はないか。むかし絵心があったから、案外《あんがい》よくはないかしら」

「写真？　考えたこともなかったけど、仕事ができればそれもいいな」

彼《かれ》は母の知人のつてを頼《たよ》って写真家のもとへ行きました。そして、写真館で見習いとして働《はたら》きました。掃除《そうじ》や写真館の仕事をしながら、こっそり書庫《しょこ》から写真の本や雑誌《ざっし》を持ち出し、写真についてのいろいろを学んでいきます。

そんななか、土門にはどうしても納得《なっとく》できないことがありました。写真館では、人物写真を修正《しゅうせい》していました。見映《みば》えを良《よ》くするために、ホクロを取るなど人の顔に手を入れるのです。

土門《どもん》は心の中で叫《さけ》びました。

「こんなのは、本物の写真じゃない！」

彼《かれ》は本物の写真を撮《と》ろうと思いました。今とちがって当時のカメラは調整《ちょうせい》が非常《ひじょう》に難《むずか》しいものでした。そこで、伯父《おじ》から借《か》りたカメラで、ピントを合わせるために、7フィート（約2・1メートル）という距離《きょり》を目でつかむ訓練《くんれん》を毎日毎日続《つづ》けました。カメラを持たないときも、歩いている人を7フィートの距離を置《お》いて見つめ、頭の中でシャッターを切ります。土門はそうして撮った写真を、雑誌《ざっし》に応募《おうぼ》しました。

「やった！　入選《にゅうせん》したぞ！」

入選したのは、電車の中で女の子が大きなあくびをしている「アーアー」というタイトルの写真でした。

土門《どもん》はさらにリアルな写真を撮《と》ろうと、写真館をやめ、「日本工房《にっぽんこうぼう》」に入ります。

日本工房は写真とグラフィックデザインの制作集団《せいさくしゅうだん》で、海外に日本の文化を紹介《しょうかい》する雑誌《ざっし》『ＮＩＰＰＯＮ《ニッポン》』を刊行《かんこう》していました。彼《かれ》はここでドイツ流報道《ほうどう》写真の基礎《きそ》を学んでいきました。

シャープで力強い土門の作品は、アメリカのライフ誌《し》にも掲載《けいさい》されます。看護師養成所《かんごしようせいじょ》の取材《しゅざい》では、看護師《かんごし》のりんとした姿《すがた》を写真におさめました。このように土門は仕事としての依頼《いらい》や需要《じゅよう》にこたえていくうちに、写真家としての腕《うで》を確《たし》かなものとしていきました。そして、日本と日本文化をテーマとする土門のスタイルは、このころに始まっています。

土門が撮《と》った「伊豆《いず》の週末《しゅうまつ》」は、伊豆半島《いずはんとう》の川で鮎《あゆ》をついて遊ぶ子どもたちの笑顔《えがお》はじける写真で、アメリカの雑誌《ざっし》にのりました。ところがそこには土門拳《どもんけん》の名前ではなく、「日本工房《にっぽんこうぼう》」の責任者《せきにんしゃ》の名前がありました。

「なんだこれは。オレが撮《と》った写真なのに！」

このような納得《なっとく》のいかないことが重なり、不満《ふまん》をつのらせた土門は、約《やく》三年つとめた日本工房をやめてしまいます。

土門は国際文化振興会《こくさいぶんかしんこうかい》のカメラマンとして働《はたら》き、タイピスト（タイプライターを打つ仕事をする人）の中村《なかむら》たみと結婚《けっこん》しました。

新居《しんきょ》は、東京都中央区《とうきょうとちゅうおうく》の明石町《あかしちょう》にあった二階建《だ》ての長屋《ながや》。この長屋には、写真に興味《きょうみ》を抱《いだ》く若者《わかもの》がたくさん集まり、土門の手伝《てつだ》いをしていました。

土門は弟子たちをかわいがりました。でも写真のことになるとまさに鬼《おに》となり、厳《きび》しく彼《かれ》らを鍛《きた》えました。

ひとたび写真撮影《さつえい》に入ると、言葉を発しません。

「先生、どう撮《と》ればいいのですか?」

弟子《でし》たちが聞いても、答えません。そして、

「オレの撮影を見て盗《ぬす》め。メモをして記録《きろく》に残《のこ》せ」

と言うのです。

彼《かれ》自身もそうやって覚《おぼ》え、ノートにメモして技術《ぎじゅつ》を習得《しゅうとく》してきたからです。

翌《よく》年、長女が生まれました。土門《どもん》の弟子たちは赤《あか》ん坊《ぼう》の世話もしながら、彼から多くのことを学びました。年中、土門にどなられていましたが、彼の人としての魅力《みりょく》が多くの弟子をひきつけました。また、土門の母や妻《つま》も、貧《まず》しい生活のなか、弟子たちの面倒《めんどう》をよく見たため、良《よ》い弟子が集まってきました。

土門《どもん》は、第二次世界大戦《だいにじせかいたいせん》の前から文化人の肖像《しょうぞう》写真を撮《と》り始め、いつか人物写真集を出版《しゅっぱん》したいと願《ねが》っていました。そして、それは修正《しゅうせい》などしないその人そのもの「絶対非演出《ぜったいひえんしゅつ》の絶対スナップ」でなければならないと決めていました。高村光太郎《たかむらこうたろう》が「土門拳《どもんけん》のレンズは人や物を底《そこ》まであばく」とほめたように、くっきりとあざやかな彼の写真には、その人がどういう人生を歩んできたかがわかるような、実物が目の前にいるような存在感《そんざいかん》が感じられます。

画家・梅原龍三郎《うめはらりゅうざぶろう》の肖像写真は、まさに梅原その人でした。

土門は梅原にたくさんの注文をつけ、一枚《まい》また一枚と撮っていきますが、なかなか納得《なっとく》できません。何度も何度もしつこく粘《ねば》り、苦しいポーズの梅原を前になかなかシャッターを切らない土門に、梅原は怒《いか》りを煮《に》えたぎらせました。

梅原《うめはら》の一文字に結《むす》んだ口がわなわなとふるえ、左手もぶるぶるとふるえ出します。
怒《いか》りは爆発寸前《ばくはつすんぜん》。全身に殺気《さっき》がみなぎっています。
ここだ！
その場の空気をカメラで吸《す》い取るようにシャッターを切り、
「ありがとうございました」
と、梅原におじぎをしました。
梅原は、むっくと立ちあがりました。その顔は怒りにふるえています。
籐椅子《とういす》を高々と持ちあげると、
「ウン！」
気合いもろとも、アトリエの床《ゆか》へ叩《たた》きつけたのです。
すさまじい音を立てて籐椅子が転がりました。

怒《いか》りを爆発《ばくはつ》させた梅原《うめはら》の顔に、土門《どもん》はまたカメラを向けます。まさに真剣勝負《しんけんしょうぶ》の写真撮影《さつえい》でした。

土門は自分が撮《と》りたい作家や芸術家《げいじゅつか》の名前を、自宅《じたく》の襖《ふすま》に墨《すみ》で書いていました。梅原龍三郎《うめはらりゅうざぶろう》もそのひとりです。そして、第二次世界大戦《だいにじせかいたいせん》後にその写真は写真集『風貌《ふうぼう》』に掲載《けいさい》されました。

このように、その人の内面をも写そうとする土門の写真には、土門自身が尊敬《そんけい》する多くの人たちの、その人らしさがあらわれる一瞬《いっしゅん》がおさめられています。土門の写真の中で、文学者、画家、俳優《はいゆう》、学者、政治家《せいじか》など、昭和《しょうわ》の日本をいろどった人たちが輝《かがや》いています。

戦時下《せんじか》に日本の文化を撮《と》り続《つづ》ける

日本は、ふたたび戦争《せんそう》を始めていました。第二次世界大戦《だいにじせかいたいせん》です。土門《どもん》は軍《ぐん》の写真家にならないかと誘《さそ》われましたが、こばみました。戦争が激《はげ》しくなるなか、土門がすきっ腹《ぱら》を抱《かか》えながらうちこんだのは、古くから伝《つた》わる仏像《ぶつぞう》や日本の文化の撮影《さつえい》でした。

土門は日本各地《かくち》の古い寺をまわり、また、伝統芸能《でんとうげいのう》「文楽《ぶんらく》」の公演《こうえん》を撮《と》っていきます。

文楽は、三味線《しゃみせん》の音曲にのせた語りに合わせ、人形をあやつる人形芝居《しばい》です。若《わか》いころ常磐津《ときわず》に没頭《ぼっとう》したこともあり、文楽の三味線の音色にひかれたのかもしれません。

彼《かれ》は毎日のように文楽座《ぶんらくざ》にかよいました。ただ撮るだけでなく、座員《ざいん》全員に調査票《ちょうさひょう》をくばって出身地などを聞き、その人のことをくわしく知ったうえで写真を撮《と》りました。

重い大型《おおがた》カメラをかついでいるにもかかわらず、黒いジャンパーを着た土門《どもん》は、まるでこうもりのように、ひらりひらりと、飛《と》ぶように移動《いどう》して撮影《さつえい》したといいます。

当時の写真は今のデジタル写真やフィルム写真とはちがっていました。ガラス乾板《かんぱん》といわれる、光に反応《はんのう》する液《えき》を塗《ぬ》ったガラスをカメラにセットして撮るものでした。カメラに入る光の量で濃淡《のうたん》がつくモノクロ写真ですが、デジタル写真とはちがった味わいがあります。

膨大《ぼうだい》な文楽《ぶんらく》の記録《きろく》は、戦時中《せんじちゅう》は写真集にすることはかないませんでした。しかし土門はネガ（明暗が反転したもの）のガラス乾板を、自宅《じたく》の下に掘《ほ》った防空壕《ぼうくうごう》に油紙《あぶらがみ》で包《つつ》んで保管《ほかん》し、空襲《くうしゅう》から守っていたのです。

そして約《やく》三十年後に『土門拳《どもんけん》・文楽《ぶんらく》』として出版《しゅっぱん》されました。

古い寺にも、土門は時間と金の許《ゆる》すかぎりかよいました。なかでも土門は奈良県《ならけん》にある室生寺《むろうじ》が一番好《す》きでした。三十歳《さい》のときに初《はじ》めて訪《おとず》れてとりこになり、以後《いご》四十年間、何度もくり返し室生寺を撮《と》りました。

「ああ、この仏像《ぶつぞう》を撮れば、日本人の祖先《そせん》の気持ちがわかるんじゃないか」

こう思いながら、彼《かれ》は室生寺にかよい続《つづ》けます。

冬は、歯がカチカチと鳴る寒い堂内《どうない》で仏像を撮影《さつえい》しました。

夏は、乾板《かんぱん》を二十ダースも詰《つ》めた重いリュックサックを背《せ》に、汗《あせ》だくで山道をのぼりました。戦時中《せんじちゅう》で食糧《しょくりょう》もなく交通も不便《ふべん》でしたが、写真集『室生寺』を出版《しゅっぱん》するまでの十四年間で二十回以上室生寺にかよいました。

室生寺のなかでも、土門は釈迦如来坐像《しゃかにょらいざぞう》と十二神将《じゅうにしんしょう》が好きでした。

十二神将《じゅうにしんしょう》にはニックネームをつけ、特《とく》に考えこむようなとぼけ顔の未神《ひつじがみ》をかわいがり、「はてな」と名づけて多くの写真を撮《と》りました。

室生寺《むろうじ》の五重塔《ごじゅうのとう》や、土門《どもん》が天下一の美男子とたたえた釈迦如来坐像《しゃかにょらいざぞう》などをのせた写真集『室生寺』は、毎日出版文化賞《まいにちしゅっぱんぶんかしょう》を受けました。『風貌《ふうぼう》』『室生寺』の活躍《かつやく》で、日《に》本《ほん》写真協会功労賞《しゃしんきょうかいこうろうしょう》を受賞し、土門は写真界の「巨匠《きょしょう》」になっていきました。

土門拳《どもんけん》「鎧坂《よろいざか》から金堂《こんどう》を見る（夏）」
1941～1954年ごろ　土門拳記念館所蔵

写真集『ヒロシマ』

終戦後の土門《どもん》は、はげしく移《うつ》り変《か》わっていく日本を記録《きろく》していきます。

戦後、原爆《げんばく》（原子爆弾《げんしばくだん》）の報道《ほうどう》は規制《きせい》されていましたが、一九五二年に全面的に規制がとかれました。そして、一九五七年の原爆《げんばく》の日にむけて取材《しゅざい》の仕事が入り、土門は写真家として初《はじ》めて広島《ひろしま》に出向きます。被《ひ》爆者《ばくしゃ》の診察風景《しんさつふうけい》や調査《ちょうさ》のようすを撮《と》ったとき、土門はあることを知りました。入院中の被爆者の細胞組織《さいぼうそしき》はパラフィンの板になり、それをアメリカ合衆国《がっしゅうこく》の委員会がくわしく調べます。つまり、被爆者がたんなる「物」としてあつかわれているのです。

「被爆者は人間なんだぞ、これはどういうことだ！」

土門は怒《いか》りにふるえました。

原爆《げんばく》が原因《げんいん》となったと思われる知的障害児《ちてきしょうがいじ》や親を亡《な》くした子どもたちが施設《しせつ》にいることも知りました。このときの取材《しゅざい》から、土門《どもん》は被爆《ひばく》の実態《じったい》をメモした「広島《ひろしま》ノート」を書き始め、足しげく広島へかよいました。

「広島ノート」には、被爆者が人間としてあつかわれていないこと、原爆が今も人の体をむしばんでいることへの怒《いか》りが激《はげ》しい言葉でつづられました。

原爆が落とされたとき以上《いじょう》に放射能《ほうしゃのう》が人体に大きな傷《きず》を残《のこ》し続《つづ》けている事実を、世間《せけん》の人があまりに知らないことも大きな衝撃《しょうげき》でした。

土門は広島原爆病院《ひろしまげんばくびょういん》にかよいつめました。ズカズカと病室に入る土門を病院側《びょういんがわ》は警戒《けいかい》しましたが、彼《かれ》を受け入れ、取材に協力《きょうりょく》してくれる医師《いし》や看護師《かんごし》、患者《かんじゃ》もいました。土門は十六歳《さい》の少女のケロイド（やけどで盛《も》りあがった傷）に植皮《しょくひ》する手術《しゅじゅつ》の写真を撮《と》っていきます。土門が世間

土門拳《どもんけん》「原爆《げんばく》ドームと元安川《もとやすがわ》」1957年　土門拳記念館所蔵

に原爆《げんばく》の真実を知らせようと撮影《さつえい》していることを理解《りかい》し、歓迎《かんげい》してくれる患者《かんじゃ》も少なくありませんでした。

あるとき、胎内被《たいないひ》ばくによる白血病《はっけつびょう》で死にかけている十二歳《さい》の少年を撮《と》ろうと、彼《かれ》は病室に入りました。

少年は青白い顔を土門《どもん》に向け、言いました。

「先生、写真を撮って」

か細く美しい、天使のような声

でした。

このときの少年の細く澄《す》んだ声を、土門《どもん》は一生忘《わす》れられないだろうと書き残《のこ》しています。

まさにそれは、死に行くものの声でした。

こうして一九五八年、土門は怒《いか》りの写真集『ヒロシマ』を出版《しゅっぱん》しました。のちのノーベル文学賞《ぶんがくしょう》作家・大江健三郎《おおえけんざぶろう》は、この写真集を人間的《にんげんてき》でありかつ芸術的《げいじゅつてき》だと絶賛《ぜっさん》しました。

写真集『ヒロシマ』は、東《ひがし》ベルリンの国際報道写真展《こくさいほうどうしゃしんてん》で金賞《きんしょう》を受賞、土門は国際的《こくさいてき》にも高く評価《ひょうか》されました。

写真集『筑豊《ちくほう》のこどもたち』

一九五〇年代、工場や列車の燃料《ねんりょう》は石炭が中心で、日本には石炭を産出する多くの炭鉱《たんこう》がありました。ところが、燃料は次第に石炭から石油にかわっていきます。炭鉱は次々に採掘《さいくつ》をやめ、炭鉱で働《はたら》いていた人々は職《しょく》を失《うしな》いました。一大炭鉱地帯《ちたい》だった筑豊《ちくほう》（福岡県《ふくおかけん》の中央部）では、三万人以上《いじょう》の失業者《しつぎょうしゃ》が出たといいます。炭鉱で栄えてきた町は、急速に貧《まず》しくなっていくところが増《ふ》えました。

筑豊の状況《じょうきょう》を聞いたとき、土門《どもん》の中の報道《ほうどう》写真家の血がメラメラと燃《も》え出し、すぐさま一番悲惨《ひさん》な炭田《たんでん》地帯といわれる遠賀川《おんががわ》一帯の町に足を踏《ふ》み入れました。

失業した男たちは道路補修《ほしゅう》工事に出かけ、女たちは急斜面《きゅうしゃめん》のボタ山（石炭を掘《ほ》り出したときに出た石の山）にのぼって、鉱石《こうせき》カスの中から石炭を拾い集めていました。そのようすに土門《どもん》は心を揺《ゆ》さぶられました。

「なんだ、ボタ山に子どもたちもいるぞ！　あぶないなあ！」

子どもたちは親の生活を助けようと、冷《つめ》たい鉱石の間に手をつっこんで石炭を探《さが》しているのでした。彼《かれ》はその手を見ます。

「指がひび割《わ》れているじゃないか。つらいよな。こんなこと、やりたくないよな」

ところが、その子があげた顔を見ておどろきました。

「なんて穏《おだ》やかな顔をしているんだ！　つらいとか、こんな生活はおかしいとか、思わないのか！」

その表情《ひょうじょう》が、かえって彼にはつらく感じられました。

そんな炭住街《たんじゅうがい》で、土門はある姉妹に出会います。

お姉ちゃんは小学四年生、妹が一年生です。

お姉ちゃんは言いました。

「あたしたちが小さいとき、父さんが病気で入院してお金を借《か》りたの。そのお金を返すのに、母さんは福岡《ふくおか》へ働《はたら》きに行ったけど、帰ってこないんです」

「今、お父さんはどうしてるの？」

そう聞くと、

「父さんは、日雇《ひやと》いの工事に行っています。だから、あたしたちががんばるの」

と答えます。ふたりの暮《く》らしは本当に貧《まず》しくて、家には顔を洗《あら》う洗面器《せんめんき》さえありません。土門《どもん》は床《ゆか》がくさってぬけている家を写真に撮《と》りました。そんな家でも姉妹はきちんと掃除《そうじ》していました。土門はお姉ちゃん

土門拳《どもんけん》「母のない姉妹」1959 年　土門拳記念館所蔵

を写真集の表紙に選《えら》びました。顔は炭でよごれていても澄《す》んだ瞳《ひとみ》のお姉ちゃん。

この写真集は大評判《だいひょうばん》となり、『筑豊《ちくほう》のこどもたち』という映画《えいが》にもなりました。

脳卒中《のうそっちゅう》で不自由《ふじゆう》になっても

筑豊《ちくほう》から帰ったある日、銭湯《せんとう》に行った土門《どもん》は、湯船に入ろうとしてあやうくころびそうになりました。

「おや、足が引っかかった。なんだ？　動かないぞ」

脳卒中《のうそっちゅう》で、右手右足が動かなくなったのです。

「このくらいのことでへこたれてたまるか！」

つらいリハビリにはげみ、つえをついて歩けるようになりました。

そのころ、福岡県《ふくおかけん》にある三井三池炭鉱《みついみいけたんこう》に大勢《おおぜい》の炭鉱労働者《たんこうろうどうしゃ》が立てこもり、人員の削減《さくげん》を求める経営者《けいえいしゃ》と対立しました。戦後最大《せんごさいだい》の労働闘争《ろうどうとうそう》といわれる三池闘争《みいけとうそう》です。

「オレが行かないでどうする！」

土門《どもん》はいても立ってもいられなくなり、闘争《とうそう》本部の了解《りょうかい》も得《え》て、半身マヒの体で九州《きゅうしゅう》に向かいます。

警察《けいさつ》の機動隊《きどうたい》と炭鉱労働者《たんこうろうどうしゃ》がにらみ合う中に入っていくと、先頭に立つ労働者が棒《ぼう》を持ってどなりました。

「なんだ、おまえは！　帰れ！」

「待ってくれ。オレは土門拳《どもんけん》だ。闘争本部の了解ももらっている」

土門が言うと、

「これは、失礼《しつれい》しました！」

労働者たちは、みな彼《かれ》に敬礼《けいれい》しました。そして、

「土門先生、ぜひわたしたちの写真を撮《と》って世間《せけん》に知らせてください！」

写真集『筑豊《ちくほう》のこどもたち』のおかげで、炭鉱労働者たちは土門が労働者たちの味方であることを知っていました。

右半身マヒの体で、彼《かれ》は機《き》動《どう》隊《たい》と労《ろう》働《どう》者《しゃ》の闘《たたか》いを写真に撮《と》ります。

「正義《せいぎ》の闘いだ。みんながんばれ！」

闘いの真っただ中でシャッターを切っていたとき、機動隊が彼におそいかかりました。

「うわっ、何をする！」

土門《どもん》は投げとばされ、道路に叩《たた》きつけられました。

「ああ、よかった。カメラは無事《ぶじ》だ」

自分のことより、カメラの方が心配だったのです。

そんな土門に、写真集の表紙となった姉妹のお父さんが亡《な》くなったとの連絡《れんらく》が入りました。

「あのふたり、どうしているだろう」

すぐに土門は筑豊《ちくほう》へ行きました。電灯《でんとう》もつかない長屋の中に、残《のこ》された姉妹がしょんぼり座《すわ》っている姿《すがた》を想像《そうぞう》すると、矢《や》も盾《たて》もたまらなかったのです。このときの写真は、写真集『続《ぞく》・筑豊《ちくほう》のこどもたち』として出版《しゅっぱん》されました。

土門《どもん》の人物写真の撮《と》り方は独特《どくとく》で、瞳《ひとみ》にピントを合わせ、可能《かのう》なかぎり早くシャッターを切るというものでした。

静物《せいぶつ》写真では、仏像《ぶつぞう》や建物《たてもの》をにらみつけ、ときには語りかけながらシャッターを切ります。初《はじ》めのころは自然《しぜん》の光の中で撮っていましたが、しだいに、光が届《とど》かないところでは、一瞬《いっしゅん》だけ電球を光らせるフラッシュを使うようになりました。ならべたフラッシュ電球を一つずつ光らせていくと、仏像の表情《ひょうじょう》が生き生きと現《あらわ》れました。

半身マヒの体でも弟子《でし》たちを連《つ》れ、土門は古い寺を巡《めぐ》り、仏像を大型《おおがた》カメラで撮《と》っていきました。いったん出かけると昼食もとらず、撮影《さつえい》はときには夜まで続《つづ》きます。

修験道《しゅげんどう》の祖《そ》である役行者《えんのぎょうじゃ》が開いたとされる三佛寺《さんぶつじ》投入堂《なげいれどう》は、鳥取県《とっとりけん》の三徳山《みとくさん》の中腹《ちゅうふく》にあり、健康《けんこう》な人でも厳《きび》しい、岩だらけの山のぼりルートをのぼらなくてはたどり着けません。

「不自由《ふじゆう》な体では、無理《むり》ですよ」

尻《しり》ごみする弟子《でし》たちに、彼《かれ》は言いました。

「右足が不自由でも一メートルはのぼれる。君たちがわたしの体を一メートル押《お》しあげることを六百回くり返せばいいのだ」

土門《どもん》はこうして投入堂にたどり着きました。

土門の前で、扉《とびら》がギーと開きました。

そこには、あざやかな蔵王権現《ざおうごんげん》がたたずんでいました。

「なんと神々《こうごう》しいのだろう」

彼《かれ》は思わず手を合わせました。

カメラを構《かま》えた土門《どもん》は、仏像《ぶつぞう》をにらみます。

だれも言葉を発しません。彼は仏像をにらみ続《つづ》けます。

すると、仏像が彼をにらみつけたのです。

「平等院《びょうどういん》鳳凰堂《ほうおうどう》大棟《おおむね》鳳凰《ほうおう》撮影《さつえい》中の土門拳《どもんけん》」
1964年　土門拳記念館所蔵

「今だ！」

ふたつの視線《しせん》がぶつかったとき、土門はシャッターを切りました。

二度目の脳卒中《のうそっちゅう》

土門《どもん》に病《やまい》がおそいかかったのは、一度だけではありませんでした。

一九六八年、五十八歳《さい》のとき、土門は二度目の脳卒中発作《のうそっちゅうほっさ》に見舞《みま》われました。このときの発作は重症《じゅうしょう》で、約《やく》一年半の入院とリハビリを経《へ》て奇跡的《きせきてき》に回復《かいふく》し、車いす生活となりましたが、写真への情熱《じょうねつ》はおとろえません。

「仏像《ぶつぞう》を撮《と》りに行くぞ」

ふたたび『古寺巡礼《こじじゅんれい》』の撮影《さつえい》に行くようになりました。

土門は東京《とうきょう》に出てからも、ふるさと酒田《さかた》を忘《わす》れることはありませんでした。活躍《かつやく》が全国に知られるようになり、一九七四年、土門は山形県酒《やまがたけんさか》田市名誉市民《たしめいよしみん》第一号に選《えら》ばれました。土門が六十四歳のときのことです。これほど名誉なことはありません。ふるさとの町が自分を第一号に選《えら》んでくれたことがありがたく、彼《かれ》はこう告《つ》げました。

「全作品を酒田市《さかたし》に寄贈《きぞう》します」

酒田の人々はそのいさぎよさに心打たれました。

ある日、土門《どもん》は、編集者《へんしゅうしゃ》に言いました。

「『古寺巡礼《こじじゅんれい》』をあと一巻《かん》、いや三巻やろう」

ところがその夜、夕食の終わりごろのことです。

「おかしいな、気分が悪い……」

そのまま、土門は倒《たお》れて入院。その後十一年間、意識不明《いしきふめい》となります。

一九九〇年九月十五日、土門は八十歳《さい》で亡《な》くなりました。

人が何かに真剣《しんけん》に打ちこんでいる姿《すがた》を「鬼気《きき》せまる」と表現《ひょうげん》すること
があります。土門拳《どもんけん》は写真を撮《と》るときの、この鬼気せまるようすから、いつしか「写真の鬼《おに》」と呼《よ》ばれるようになったのでしょう。その精神《せいしん》は「土門拳賞《どもんけんしょう》」として多くの写真家に引き継《つ》がれ、写真の鬼が撮《と》った写真は、酒田市《さかたし》に設立《せつりつ》された土門拳記念館《どもんけんきねんかん》を訪《おとず》れる人に、彼《かれ》の生きざまと日本文化への感動を与《あた》えてくれています。

【協力】公益財団法人さかた文化財団　土門拳記念館

【参考文献】

・土門拳『拳眼』（世界文化社、二〇〇一年）
・土門拳『土門拳の風貌』（クレヴィス、二〇二二年）
・土門拳著、池田真魚・藤森武 監修『新版・土門拳の昭和』（クレヴィス、二〇二二年）
・都築政昭『火柱の人　土門拳』（近代文芸社、一九九八年）
・佐高信『逆白波のひと　土門拳の生涯』（小学館、二〇〇三年）

宮城県《みやぎけん》

民《たみ》が安らかに暮《く》らせる国を
——仙台藩初代藩主《せんだいはんしょだいはんしゅ》・伊達《だて》政宗《まさむね》

佐々木《ささき》 ひとみ

生《お》い茂《しげ》る木々の美しさから、「杜《もり》の都《みやこ》」とも呼《よ》ばれる仙台《せんだい》。百万人が暮《く》らすこの街《まち》の土台は、今から四〇〇年あまり前、各地《かくち》で争《あらそ》いがくり返されていた「戦国《せんごく》」と呼ばれる時代を生きた武将《ぶしょう》によってつくられた。

――その名は、伊達《だて》政宗《まさむね》。

七十年の生涯《しょうがい》の前半生を戦国武将《せんごくぶしょう》として、後半生を国づくりに力を注いだ仙台藩《せんだいはん》・初代藩主《しょだいはんしゅ》として生きた政宗の歩みをたどってみよう。

一・梵天丸《ぼんてんまる》、誕生《たんじょう》

永禄《えいろく》十年（一五六七年）、八月三日。その日、米沢城《よねざわじょう》（今の山形県米沢市《やまがたけんよねざわし》）は、明るい空気に包《つつ》まれていた。伊達家《だてけ》十六世《せい》・伊達輝宗《だててるむね》と妻《つま》・義姫《よしひめ》との間に子が生まれたのだ。生まれた子は、「梵天丸《ぼんてんまる》」と名づけられた。

その夜、輝宗は空に輝《かがや》く三日月に、「戦国《せんごく》の世を生きるわが子が、今夜の月のように凜々《りり》しく生きぬいてくれますように」と祈《いの》った。

数日後、梵天丸のお披露目《ひろめ》がおこなわれた。

「なんとかわいらしい」

「御屋形《おやかた》さまの幼《おさな》いころによく似《に》ておる」

集まった親類《しんるい》や家臣《かしん》たちの表情《ひょうじょう》は明るい。みな、やがて伊達家の当主《とうしゅ》となる梵天丸《ぼんてんまる》の誕生《たんじょう》がうれしくてたまらないのだ。

輝宗《てるむね》は広間に、新しい旗《はた》と兜《かぶと》を運ばせた。旗は、白地に赤い丸が描《えが》かれている。黒い兜には、三日月のかたちをした飾《かざ》りがつけられている。

「これからはこの日輪《にちりん》（太陽）を描いた『日の丸』の旗を、伊達家《だてけ》当主の目じるしとする。兜の飾りは月輪《げつりん》（月）で、『半月』と呼《よ》ぶことにする」

「御屋形《おやかた》さま、昔から日輪と月輪をそろえると、神仏《しんぶつ》にまもっていただけるといわれてお

伊達政宗公騎馬像《だてまさむねこうきばぞう》（仙台城跡《せんだいじょうあと》）。
画像提供：青葉城資料展示館

りますな？」

家臣《かしん》の鬼庭左月《もにわさげつ》の問いかけに、輝宗《てるむね》は「うむ」とうなずいた。

「西国《さいごく》では今、尾張《おわり》の織田信長《おだのぶなが》が力をつけてきている。全国統一《とういつ》にはまだ時間がかかるだろうが、いずれその影響《えいきょう》は、われらが生きる奥羽《おうう》（東《とう》北地方《ほくちほう》）にもおよぶはずだ」

輝宗の厳《きび》しい言葉に、広間が静《しず》まり返る。

「奥羽でも、大名《だいみょう》や国衆《くにしゅう》たちが領地《りょうち》をめぐって争《あらそ》いをくり返している。戦《いくさ》に次ぐ戦で、民《たみ》たちは戦のない世を知らない。わしは……」

輝宗は、腕《うで》の中で眠《ねむ》る梵天丸《ぼんてんまる》にまなざしを向けた。

「民が安心して暮《く》らせる世をつくりたいと思っている。そのために、伊《だ》達《て》は奥羽の戦乱《せんらん》を収《おさ》めなければならない。もし、わしができなければ、その夢《ゆめ》を梵天丸にたくしたい」

左月《さげつ》は「ゆえに、旗《はた》と兜《かぶと》が日輪《にちりん》と月輪《げつりん》なのでございますね」とうなずくと、背筋《せすじ》をのばし、「梵天丸《ぼんてんまる》さまが神仏《しんぶつ》にまもられ、健《すこ》やかにご成長《せいちょう》あそばしますように」と礼をした。広間にいる全員がそれにならった。

両親や家臣《かしん》・領民《りょうみん》の大きな期待のなかで、梵天丸はすくすくと育った。

ところが、五歳《さい》になったある日、とつぜん高い熱《ねつ》を出した。

「あつい……からだ中があつい」

「いきが……くるしい」

幼《おさな》い梵天丸をおそったのは、「死の病《やまい》」とおそれられていた疱瘡《ほうそう》（天《てん》然痘《ねんとう》）だった。

「梵天丸を死なせてはならぬ！　医者を呼《よ》べ！　修験者《しゅげんじゃ》もだ！」

医者が呼ばれ、梵天丸の回復《かいふく》を祈《いの》る儀式《ぎしき》が夜通《よどお》し続《つづ》けられた。

――数日後、梵天丸《ぼんてんまる》の熱《ねつ》は下がった。

「でかしたぞ、梵天丸」

「それでこそ伊達家《だてけ》の跡継《あとつ》ぎです」

輝宗《てるむね》はよろこび、義姫《よしひめ》は涙《なみだ》を流した。しかし、数日後……。

「ち、ちちうえ、目が、右の目が、見えません」

「なにっ！」

輝宗が確《たし》かめると、梵天丸の右のまぶたは腫《は》れあがり、瞳《ひとみ》は白くにごっていた。疱瘡《ほうそう》の毒《どく》が入ったのだ。

「この目はどうなるのだ。梵天丸の右目は！」

輝宗の問いかけに、医者は言葉もなく首をふった。そして、

「おそれながら、御屋形《おやかた》さま。梵天丸さまは、『死の病《やまい》』とおそれられる疱瘡にかかりながらも、命をとりとめたのです。右目を失《うしな》ったことを

悲しむよりも、その運の強さをどうかおよろこびください」と訴《うった》えた。

じっと耳をかたむけていた輝宗《てるむね》は、やがて「うむ」とうなずいた。

「梵天丸《ぼんてんまる》が歩む道は、人と人が争《あらそ》い、殺《ころ》し合うおそろしい道だ。これしきのことを乗り越《こ》えられずに、戦乱《せんらん》の奥羽《おうう》で生き残《のこ》れるわけがない」

そうつぶやくと、「喜多《きた》!」と、梵天丸の乳母《うば》を呼《よ》んだ。部屋のすみにひかえていた喜多は「はい、御屋形《おやかた》さま」と、涙《なみだ》をぬぐって顔をあげた。

「その方はこれまでどおり梵天丸の世話をするのだ。かわいそうと思ってはならぬ。甘《あま》やかしてもならぬ。ほかの者たちにもそう伝《つた》えよ。よいな」

「かしこまりました」

梵天丸は病《やまい》から回復《かいふく》した。しかしその病は去り際《ぎわ》に、梵天丸から右目の視力《しりょく》をうばっていった。

二・学問と鍛錬《たんれん》の日々

（外に出たくない。だれにも会いたくない）

病《やまい》から回復《かいふく》したものの、もともと引っこみ思案《じあん》だった梵天丸《ぼんてんまる》は、ふさぎこむことが多くなった。

きっかけは、これまで笑顔《えがお》を向けてくれていた者たちだった。梵天丸の右目を見たとたん、だれもがこおりついたような顔になった。

（まるで、ばけものを見るような目だった）

傷《きず》ついた梵天丸は、以前《いぜん》にも増《ま》して人前に出るのをさけるようになった。

すると、そんな姿《すがた》を目にした人々が、

「梵天丸さまは、ますます内気になられた」

「あのような人見知りでは先が思いやられる」

「当主《とうしゅ》にふさわしくないのではないか」

とうわさするようになった。その声は、輝宗《てるむね》の耳にも届《とど》いた。

「梵天丸《ぼんてんまる》を伊達家《だてけ》の当主にふさわしい人間に育てなければ」

輝宗は、学問だけでなく当主としての生き方をも学ばせるため、美濃《みの》
（今の岐阜県《ぎふけん》）出身の禅僧《ぜんそう》・虎哉宗乙《こさいそういつ》を招《まね》いた。

虎哉が資福寺《しふくじ》の住職《じゅうしょく》になると、梵天丸はさっそく寺に連《つ》れていかれた。

「よろしくおみちびきくださいますよう、お願《ねが》いいたします」

頭を下げた梵天丸は、虎哉の視線《しせん》をさけるようにうつむいたままだ。

虎哉は、にやりと笑《わら》って問いかけた。

「若《わか》にたずねる。人はなぜ学問をしなければならないとお思いかな？」

梵天丸は少し考え、うつむいたまま答えた。

「父上は『家臣《かしん》からも民《たみ》からもしたわれる、よい当主《とうしゅ》になるため』と」

「わしは若《わか》にたずねている。若はどうお考えか！」

「か、かしこくなるためだと思います」

「それもある。しかし、もっと大事なことがある。学問は心を強く、豊《ゆた》かにするためにあるのだ」

「心を？」

首をかしげた梵天丸《ぼんてんまる》に、虎哉《こさい》は大きくうなずいた。

「心が強くありさえすれば、迷《まよ》うことも、まどわされることもない。自分の見た目を気にしたり、そのことで胸《むね》を痛《いた》めることもなくなる」

梵天丸が顔をあげた。その目に、小さな光がやどっている。

（わしの話を理解《りかい》したか。六つと聞いたが、頭のよい子のようだな）

虎哉はうなずくと、「もう一つ大事なことがある」と続《つづ》けた。

「若《わか》のお父上は、民《たみ》が安心して暮《く》らせる世をつくろうとなさっておられる。できるかどうかは、お父上や若の心の豊《ゆた》かさにかかっている」

「心の豊かさ……とは？」

「人の命を大切にするということだ。たとえ戦《いくさ》に勝ったとしても、敵《てき》をみな殺《ごろ》しにしたら、憎《にく》しみだけが残《のこ》る。憎しみがうずまく大地に、民が安心して暮らせる国などつくれるはずがない！」

虎哉《こさい》の強い言葉を、梵天丸《ぼんてんまる》は身をかたくして聞いている。

「よいか若、世の中というものは人と人が集まってできている。当主《とうしゅ》は敵をも思いやる大きな器量《きりょう》……心の豊かさを持たねばならぬのだ」

梵天丸はうなずいた。すべてを理解《りかい》したわけではないが、学問をし、心を豊かにすることが父の夢《ゆめ》につながることだけはわかった。

虎哉はほほえむと、「一つ昔話をしてやろう」と話し出した。

「明《みん》（中国《ちゅうごく》）が『唐《とう》』と呼《よ》ばれていた時代に、李克用《りこくよう》という武将《ぶしょう》がいた。国を揺《ゆ》るがす混乱《こんらん》をおさめ、英雄《えいゆう》となった李克用は、生まれつき片目《かため》が不自由《ふじゆう》であったという」

「えっ」と、梵天丸《ぼんてんまる》が顔をあげた。虎哉《こさい》は何くわぬ顔で話を続《つづ》ける。

「李克用は人々から、一つ目の龍《りゅう》、『独眼龍《どくがんりゅう》』と呼《よ》ばれていたそうだ」

「……独眼龍」

つぶやいた瞬間《しゅんかん》、梵天丸の胸《むね》に熱《あつ》いものがこみあげてきた。目の前の雲が吹《ふ》き払《はら》われて、どこまでも飛《と》んでゆけそうな気持ちになった。

「若《わか》、よく学ぶのじゃ。そして、心を強く、豊《ゆた》かにするのじゃ」

「はいっ！」

と、梵天丸は虎哉の目をまっすぐ見つめてうなずいた。

梵天丸《ぼんてんまる》が九歳《さい》になると、輝宗《てるむね》は「そろそろ武芸《ぶげい》を身につけさせなければ」と考えた。「武芸」とは、剣《けん》や弓、槍《やり》や鉄砲《てっぽう》をあつかう技術《ぎじゅつ》のことだ。

これらを教える指南役《しなんやく》として、輝宗は喜多《きた》の弟・小十郎《こじゅうろう》を選《えら》んだ。

「梵天丸、小十郎はまだ十九歳《さい》だが、武芸にすぐれ、学問もよくし、さらに笛《ふえ》の名手でもある。そなたが当主《とうしゅ》になるころには、伊達家《だてけ》をささえる柱になってくれるはずだ」

「片倉小十郎景綱《かたくらこじゅうろうかげつな》にございます」

凛《りん》とした表情《ひょうじょう》で礼をする小十郎を、梵天丸は頼《たの》もしく思った。

「さあ、若君《わかぎみ》、剣のけいこを始めましょう」

その日から、学問以外《いがい》の多くの時間が武芸のけいこにあてられるようになった。小十郎は、梵天丸の右目を気にすることなくけいこをつけた。

「小十郎、ひきょうなりーっ！」

見えない右目側《がわ》から打たれたくやしさで、梵天丸《ぼんてんまる》は地べたに転がる。

「おそれながら若君《わかぎみ》、戦場《せんじょう》で命をかけて戦《たたか》う者たちが、若君の右目を気づかったりするでしょうか」

小十郎《こじゅうろう》のもっともすぎる言い分に、梵天丸は言い返せない。

「うるさいっ！」と叫《さけ》んで立ちあがると、木刀《ぼくとう》を拾いあげた。

「若君、一つ大切なことを申しあげておきます」

「なんだ」

「いずれ若君は大将《たいしょう》になられます。大将は、戦《いくさ》の指揮《しき》をするのがお役目です。刀をぬいて敵《てき》と斬《き》り合うようなことはほとんどありません」

「では、なんのためにけいこをするのか？」

小十郎は梵天丸に厳《きび》しいまなざしを向けた。

「大将には、指揮よりも大事な役目があるからです」

「大事な役目とは？」

「生きて在《あ》ることです」

梵天丸《ぼんてんまる》はごくりとつばを飲みこんだ。

「大将《たいしょう》が死んだら、兵《へい》はたちまちバラバラになります。しかし、大将が生きてさえいれば、たとえそのときは兵を退《ひ》くことになっても、反撃《はんげき》の機会《きかい》があるかもしれないのです。どんな名将もみな、そうやってたくさんの戦《いくさ》を乗り越《こ》えてきたのです」

（生きて在ること、か）

梵天丸は改《あらた》めて木刀《ぼくとう》をにぎり直し、まっすぐに構《かま》えた。

「小十郎《こじゅうろう》、けいこを続《つづ》ける。もう一本だ！」

（まなざしが鋭《するど》くなられた。体に芯《しん》が通ったようだ）

木刀を構えながら、小十郎はそっとほほえんだ。

三、戦国武将《せんごくぶしょう》・伊達政宗《だてまさむね》

「梵天丸《ぼんてんまる》よ、わしはその方を元服《げんぷく》させようと思っている」

輝宗《てるむね》にそう告《つ》げられたのは、十一歳《さい》になったばかりの正月だった。「元服」とは、大人としてあつかわれるようになることだ。

「元服したあとは、伊達藤次郎政宗《だてとうじろうまさむね》と名乗りなさい」

「政宗とは、九世さまのお名前では？」

「伊達家九世・政宗公は、武芸《ぶげい》も学問もよくできたお方だった。伊達家の領土《りょうど》を広げただけでなく、民《たみ》から『名君』としたわれてもいた」

「そのような偉大《いだい》なご先祖《せんぞ》さまの名を、わたしに？」

「今のそなたには重すぎる名かも知れんが、いずれその名にふさわしい武将《ぶしょう》になればよいだけのことだ。……梵天丸よ」

「はい」

「戦乱《せんらん》の世を終わらせ、民《たみ》が安心して暮《く》らせる世をつくるためには、一刻《いっこく》も早く奥羽《おうう》をまとめなければならない。わしとともに闘《たたか》ってくれ」

梵天丸《ぼんてんまる》の胸《むね》は、誇《ほこ》らしさでいっぱいになった。

この年の十一月十五日、梵天丸《ぼんてんまる》は元服《げんぷく》し、伊達藤次郎政宗《だてとうじろうまさむね》となった。

ここから政宗は、戦国武将《せんごくぶしょう》として走り始める。

元服してから二年後の冬。政宗は三春城主《みはるじょうしゅ》の田村氏《たむらし》の娘《むすめ》・愛姫《めごひめ》を妻《つま》に迎《むか》えた。政宗は十三歳《さい》、愛姫は十二歳だった。

さらにその二年後、政宗は初《はじ》めて戦《いくさ》に出ることになった。

――初陣《ういじん》だ。相手は、伊達家の長年の敵《てき》・相馬氏《そうまし》だった。

政宗は輝宗《てるむね》から戦の心得《こころえ》を学びながらともに戦い、相馬から三つの城《しろ》をうばい返した。そして、戦が始まってから三年後にはついに、相馬氏と和解《わかい》することになった。

「初陣《ういじん》からの若君《わかぎみ》のお働《はたら》き、じつにご立派《りっぱ》でございました」

家臣《かしん》たちからの評判《ひょうばん》は上々だった。

「戦上手《いくさじょうず》の相馬《そうま》と和解できたのは、政宗《まさむね》だけの手柄《てがら》ではない。政宗の従《い》兄弟《とこ》である伊達成実《だてしげざね》、傅役《もりやく》の片倉小十郎景綱《かたくらこじゅうろうかげつな》、鬼庭左月《もにわさげつ》の息子《むすこ》・綱元《つなもと》など、当家をささえる若者《わかもの》たちが力をつけてきたためだ」

輝宗《てるむね》は満足《まんぞく》そうにうなずくと、「わしは隠居《いんきょ》することにする。伊達家の当主《とうしゅ》の座《ざ》を政宗にゆずる」と宣言《せんげん》した。

「父上のご期待にこたえ、伊達家が末永《すえなが》く続《つづ》くよう努力《どりょく》します」

十八歳《さい》の政宗は、伊達家の十七世目の当主になった。

当主になった政宗のもとには、奥羽《おうう》の国衆《くにしゅう》たちがあいさつにやってきた。そのなかに仙道筋《せんどうすじ》(今の福島県中通り《ふくしまけんなかどおり》)に領地《りょうち》を持つ大内定綱《おおうちさだつな》がいた。

仙道筋には多くの国衆《くにしゅう》がひしめき合い、それぞれ米沢《よねざわ》の伊達氏《だてし》、会津《あいづ》の蘆名氏《あしなし》、常陸《ひたち》(今の茨城県《いばらきけん》の大部分)の佐竹氏《さたけし》といった大名《だいみょう》を頼《たよ》っていた。大内氏は、あるときは伊達氏に、またあるときは蘆名氏にと、その時々で支援《しえん》を受ける大名を変《か》えながら生きのびてきた。

そんな定綱が「引き続《つづ》き伊達家につかえたい」と言ってきた。政宗《まさむね》は(定綱の領地は仙道筋の中でも大事な場所にある。いつか役に立つかもしれない)と考えて受け入れた。ところが、定綱はふたたび蘆名氏についた。

これに怒《おこ》った政宗は家臣《かしん》たちに「蘆名を攻《せ》める！ 支度《したく》をせよ」と命じた。

「殿《との》、なぜ大内ではなく、同盟《どうめい》を組んできた蘆名を攻めるのですか」

「大内《おおうち》を攻めれば、蘆名《あしな》が援軍《えんぐん》を出してくる。その前に蘆名を討《う》つ！」

自分から仕掛《しか》ける初《はじ》めての戦《いくさ》ということで、政宗《まさむね》は意気込《いきご》んだ。しかし、蘆名を落とすのは簡単《かんたん》ではない。そうと気づいた政宗は、すぐさま兵《へい》を退《ひ》き、戦のきっかけとなった大内定綱《おおうちさだつな》の小浜城《おばまじょう》に標的《ひょうてき》を変更《へんこう》した。

定綱はあわてて小浜城を出て、前線を守るべく、支城《しじょう》の小手森城《おでもりじょう》に立てこもった。政宗の軍勢《ぐんぜい》は、たちまち城《しろ》を取り囲《かこ》んだ。

「伊達《だて》の小僧《こぞう》めがっ！」

定綱は、ひそかに小手森城を出て小浜城に戻《もど》った。小手森城に残《のこ》された人々は「退却《たいきゃく》したい」と申し出たが、政宗はこれを認《みと》めなかった。

「城に火を放て。城に残《のこ》っている者たちを一人残らず斬《き》れ！」

退却《たいきゃく》を認めず、城に逃《に》げこんだ女や子ども、犬までも斬り捨《す》てるやり方は、これまでの奥羽《おうう》の戦ではなかったことだ。

「殿《との》、どうしてそこまでなさるのですか！」

問いかけた小十郎《こじゅうろう》に、政宗《まさむね》は答えた。

「これまでのように、ほどほどのところで決着をつけていては、いつかまた戦《いくさ》になる。そのくり返しを、おれはここで止めるのだ」

政宗の視線《しせん》の先には、炎《ほのお》に包《つつ》まれた小手森城《おでもりじょう》がある。黒いけむりのむこうから、逃《に》げまわる人の悲鳴、叫《さけ》び声、犬の狂《くる》ったような鳴き声が聞こえてくる。小十郎は「むごい」と目をふせた。

政宗は目をそらさない。このとき、若《わか》き当主となって意気込《ご》む政宗の脳裏《のうり》に虎哉《こさい》の「人の命を大切にする」という教えは浮《う》かばなかった。

政宗が仕掛《しか》けたこの戦は、「小手森《おでもり》の撫《な》で斬《ぎ》り」と呼《よ》ばれ、奥羽《おうう》の大《だい》名《みょう》や国衆《くにしゅう》をふるえあがらせた。

四・南奥羽《みなみおうう》の覇者《はしゃ》へ

小手森城《おでもりじょう》を攻《せ》め落とした政宗《まさむね》は、大内定綱《おおうちさだつな》が逃《に》げこんだ小浜城《おばまじょう》に兵《へい》を進めた。ところが定綱は二本松《にほんまつ》の畠山義継《はたけやましつぐ》を頼《たよ》り、さらに会津《あいづ》の蘆名氏《あしなし》のもとへと逃げた。

政宗は攻《せ》め取った小浜城に入ると、近くの宮森城《みやもりじょう》に輝宗《てるむね》を招《まね》いた。そして、「伊達《だて》に従《したが》っておきながら、定綱を助けた義継は裏切《うらぎ》り者だ。これを許《ゆる》せば、いつかまた戦《いくさ》になる」として、二本松を攻めると決めた。

しかし、これは実現《じつげん》しなかった。義継が輝宗に相談《そうだん》を持ちかけたからだ。結果的《けっかてき》に、畠山氏はふたたび伊達氏に従うことになった。

事件《じけん》は、宮森城でおこった。輝宗に礼を伝《つた》えに訪《おとず》れた義継が、帰り際《ぎわ》に輝宗に刀をつきつけたのだ。一瞬《いっしゅん》の出来事だった。

義継《よしつぐ》は輝宗《てるむね》に刃《やいば》をつきつけたまま、二本松《にほんまつ》に向かって歩き出した。

「畠山《はたけやま》、血迷《ちまよ》ったか！」

「大殿《おおとの》を放せ、放さぬか！」

義継とそれを守る畠山の家臣《かしん》たちを、伊達《だて》の家臣たちが追いかける。

異様《いよう》な一団《いちだん》が、二本松との境《さかい》にさしかかったときのことだ。とらえられていた輝宗が、とつぜん大声をあげた。

「義継を撃《う》て！　わしにかまって家の恥《はじ》を残《のこ》してはならん！」

輝宗は、さらに叫《さけ》んだ。

「撃て！　すみやかに義継を撃ち殺《ころ》せーっ！」

その瞬間《しゅんかん》、伊達の鉄砲《てっぽう》が火を噴《ふ》いた。それを合図に、家臣たちがいっせいに義継におそいかかった。

その日、鷹狩《たかが》りに出ていた政宗《まさむね》が知らせを受けてかけつけたときにはすでに、義継《よしつぐ》をはじめとする畠山勢《はたけやまぜい》はことごとく討《う》ち果《は》たされていた。

「父上ーっ！」

政宗《まさむね》は輝宗《てるむね》の亡《なき》がらにかけよると、かき抱《いだ》き、涙《なみだ》を流した。

泰平《たいへい》の世の成就《じょうじゅ》という夢《ゆめ》を政宗にたくして、輝宗は死んだ。四十二歳《さい》だった。

「おのれ、畠山！　すぐさま二本松城《にほんまつじょう》を攻《せ》め落としてやる！」

政宗は息巻《ま》いたが、「初七日《しょなのか》がすむまでは」と老臣《ろうしん》たちに止められた。

七日後、政宗は改《あらた》めて二本松城攻《ぜ》めに向かった。しかし、まだ幼《おさな》い城《じょう》主《しゅ》・国王丸《くにおうまる》を守ろうとする家臣《かしん》たちの抵抗《ていこう》はすさまじく、兵《へい》を退《ひ》くしかなかった。

――奥羽《おうう》は、その夜から雪になった。

雪の中を小浜城《おばまじょう》に戻《もど》った政宗のもとに、おどろくべき知らせが届《とど》く。

宮城県《みやぎけん》

畠山氏《はたけやまし》を助けるために、仙道《せんどう》や海沿《ぞ》いの大名《だいみょう》や国衆《くにしゅう》たちが連合軍《れんごうぐん》を組んで攻《せ》めてくるというのだ。呼《よ》びかけたのは、常陸《ひたち》の佐竹氏《さたけし》だった。

「敵《てき》の軍勢《ぐんぜい》は三万、わが軍はわずか七千。殿《との》、いかがいたしますか」

小十郎《こじゅうろう》が政宗《まさむね》を見つめる。

「この雪のなか、四倍以上《いじょう》の敵と戦《たたか》うなど、常識《じょうしき》ではありえない。しかし、逃《に》げれば伊達《だて》はこの先、奥羽《おうう》の人々から甘《あま》く見られることになる」

「では？」

「迎《むか》え撃《う》つ。父上のとむらい合戦《がっせん》だ。伊達の命運をかけて戦う！」

政宗の言葉に、家臣《かしん》たちはふるい立った。

しかし、三万対七千の戦いは、想像《そうぞう》を絶《ぜっ》する厳《きび》しいものになった。

戦いの舞台《ぶたい》は、瀬戸川《せとがわ》にかかる人取橋《ひととりばし》。政宗は総大将《そうだいしょう》として観音堂山《かんのんどうやま》に陣《じん》を構《かま》えて指揮《しき》をした。しかし、伊達の兵《へい》たちが押《お》されているのに気づくと、馬でかけおり、「引くな、押《お》し返せ！」と槍《やり》をふるった。

やがて日が暮《く》れ、政宗《まさむね》は本宮城《もとみやじょう》に兵《へい》を退《ひ》いて夜を迎《むか》えた。

（左月《さげつ》をはじめ、多くの家臣《かしん》を失《うしな》ってしまった。もはやこれまでか）

覚悟《かくご》を決めて迎えた翌朝《よくあさ》、政宗は思いがけない光景《こうけい》を目にした。敵《てき》の姿《すがた》が消えていたのだ。ぼうぜんとする政宗に、小十郎《こじゅうろう》が声をかけた。

「殿《との》、連合軍《れんごうぐん》の中心にいた佐竹《さたけ》が昨晩《さくばん》、なんらかの事情《じじょう》で常陸《ひたち》に引き返したようです。これによりほかの大名《だいみょう》や国衆《くにしゅう》たちも兵を退いたようで」

「つまり、われらは……勝ったのか？」

「勝ったというより、『負けなかった』と申すのが正しいかと」

「そうか」とうなずく政宗の胸《むね》に、苦い思いが広がってゆく。

（定綱《さだつな》への怒《いか》りにかられて戦《いくさ》を仕掛《しか》けたせいで、父上や多くの家臣を失《うしな》ってしまった。父上の夢《ゆめ》を実現《じつげん》するには、おれは心の豊《ゆた》かさがまだま

だ足りないのかもしれぬ）
人取橋《ひととりばし》の戦《たたか》いは、忘《わす》れられない激戦《げきせん》として政宗《まさむね》の胸《むね》に刻《きざ》まれた。

政宗が奥羽《おうう》で戦《いくさ》を重ねていたころ、西国《さいごく》では織田信長《おだのぶなが》の後継者《こうけいしゃ》として関白《かんぱく》になった豊臣秀吉《とよとみひでよし》が、全国統一《とういつ》の準備《じゅんび》を進めていた。政宗のもとにも、秀吉に従《したが》った徳川家康《とくがわいえやす》からいち早く「京《きょう》にのぼるように」という手紙が届《とど》いていた。しかし、奥羽を早く束《たば》ねたい政宗はこれを無視《むし》した。

天正《てんしょう》十七年（一五八九年）六月五日、ついにそのときはやってきた。政宗率《ひき》いる二万三千の伊達軍《だてぐん》と、蘆名義広《あしなよしひろ》率いる一万六千の蘆名軍が、磐梯山《ばんだいさん》のふもとに広がる摺上原《すりあげはら》でぶつかり、伊達軍は勝利《しょうり》した。

蘆名氏を倒《たお》して黒川城《くろかわじょう》（今の福島県会津若松市《ふくしまけんあいづわかまつし》）に入った政宗は、その後も各地《かくち》を攻め続《つづ》け、伊達家《だてけ》の当主《とうしゅ》になってからわずか五年、二十三歳《さい》にして奥羽《おうう》六十六郡《ぐん》のうちの三十あまりを手に入れた。

――伊達が奥羽の南半分を制《せい》した。

全国統一《とういつ》をめざす秀吉《ひでよし》が、それを放っておくはずがない。「惣無事令《そうぶじれい》（大名《だいみょう》どうしの私的《してき》な戦争《せんそう》を禁止《きんし》する命令《めいれい》）に従《したが》うように」「京にのぼるように」という手紙がたびたび届《とど》くようになり、ついには、「惣無事令に違反《いはん》した小田原《おだわら》の北条氏《ほうじょうし》を討《う》つことになったので、急ぎ参陣《さんじん》せよ」

伊達政宗《だてまさむね》が身にまとっていたとされる黒漆五枚胴具足《くろうるしごまいどうぐそく》。
仙台市博物館所蔵

という手紙が届《とど》いた。

伊達氏《だてし》と北条氏《ほうじょうし》は同盟《どうめい》に近い関係《かんけい》にある。参陣《さんじん》すれば、北条氏を裏切《うらぎ》り、秀吉《ひでよし》に臣従《しんじゅう》することになる。一方、参陣しなければ秀吉と敵対《てきたい》したとみなされ、攻《せ》めこまれるかもしれない。家臣《かしん》たちの意見は割《わ》れた。

悩《なや》んだ政宗《まさむね》は、小十郎《こじゅうろう》がかつて語った「大将《たいしょう》の役目は生きて在《あ》ること」という教えを胸《むね》に、「参陣する」と心を決めた。

「よいか、みなのもの、ここからわれらは、武力《ぶりょく》ではなく知力《ちりょく》で戦《たたか》う。奥羽《おうう》のため民《たみ》のため、知恵《ちえ》を働《はたら》かせて生き残《のこ》るのだ」

しかし、すでに秀吉は小田原《おだわら》に向かっている。参陣に遅《おく》れたとあっては、切腹《せっぷく》を命じられるかもしれない。万が一に備《そな》えて伊達成実《だてしげざね》をはじめ、おもだった家臣たちを黒川城《くろかわじょう》に残し、政宗は百騎《き》ほどの小勢《こぜい》を率《ひき》いて小田原に向かった。到着《とうちゃく》したのは、小田原城が落ちる直前だった。

遅《おく》れてきた政宗《まさむね》に、秀吉《ひでよし》は会おうとしなかった。家臣《かしん》たちが死を覚悟《かくご》するなか、政宗は「今こそ知恵《ちえ》を働《はたら》かせるとき」と、取り調べに来た秀吉の使者に、「千利休殿《せんのりきゅうどの》に茶《ちゃ》の湯《ゆ》を教えていただきたい」と頼《たの》んだ。

これを聞いた秀吉は、「茶をたしなむとは、よい心がけである。自分の命があぶないというのに、大した器量《きりょう》だ」と言って会うことにした。

生きて会津《あいづ》まで帰ることができた政宗だったが、秀吉から「蘆名《あしな》からうばった領地《りょうち》は没収《ぼっしゅう》。米沢城《よねざわじょう》に戻《もど》るように」と命じられた。さらに「妻《つま》を人質《ひとじち》として京《きょう》にのぼらせるように」という命令《めいれい》も来た。

「秀吉めっ！」とくやしがる政宗に、「離《はな》れていても、愛《めご》は殿《との》のことを思っています」とほほえみかけて、愛姫《めごひめ》は京に旅立っていった。

このとき、秀吉は五十四歳《さい》、政宗は二十四歳。父親ほども年の離れた天下人《てんかびと》たちにふりまわされる、政宗の〝がまんの時代〟が始まった。

五．民安国泰《みんあんこくたい》の理想をかかげて

慶長《けいちょう》五年（一六〇〇年）十二月二十四日、政宗《まさむね》は千代《せんだい》の青葉山《あおばやま》にいた。

ふもとには川が流れ、むこう岸から東に向かって荒《あ》れ野が広がっている。そのはるかむこうに、青く輝《かがや》いている海が見える。

（美しい景色《けしき》だ。これからおれはここに、新しい国をつくるのだ）

そう思った瞬間《しゅんかん》、背中《せなか》で「殿《との》、長《なご》うございましたな」と声がした。

いつのまに来たのか、小十郎《こじゅうろう》が政宗の後ろに立っていた。

「小田原参陣《おだわらさんじん》から十年。この十年がわたしには、百年にも千年にも感じられました。いろいろなことがございましたなぁ」

よく晴れた冬空を見あげながら、小十郎はしみじみと語り始めた。

「小田原に参陣したあと、太閤殿下《たいこうでんか》（秀吉《ひでよし》）の奥羽仕置《おううしおき》により、苦労して手に入れた黒川城《くろかわじょう》や蘆名領《あしなりょう》は没収《ぼっしゅう》され、蒲生氏郷《がもううじさと》や上杉景勝《うえすぎかげかつ》のものとなってしまいました。さらに、葛西《かさい》・大崎氏《おおさきし》につかえていた者たちがおこした一揆《いっき》をきっかけに領地《りょうち》を減《へ》らされ、住み慣《な》れた米沢《よねざわ》を出て岩手沢《いわてさわ》（今の宮城県大崎市《みやぎけんおおさきし》）へと移《うつ》らねばならなくなりました」

「家臣《かしん》や町の人々を引き連《つ》れて、長い間暮《く》らしてきた米沢を出たときの心の痛《いた》みは、まるで地獄《じごく》の炎《ほのお》で焼《や》かれるようだった」

「それでも殿《との》は気持ちを立て直されました。岩手沢城を『岩出山城《いわでやまじょう》』と改《あらた》め、葛西・大崎氏につかえていた者たちを伊達《だて》の家臣団《だん》にお加《くわ》えになられた。そこからの八年は、まさに激動《げきどう》でございましたなぁ」

岩出山に落ち着くひまもなく、秀吉《ひでよし》の命令《めいれい》で朝鮮《ちょうせん》に渡《わた》り、文禄《ぶんろく》の役《えき》に参加《さんか》。帰国後はそのまま京《きょう》にとどめられた。

ようやく国もとへ帰ることが許《ゆる》されたと思ったら、秀吉の跡継《あとつ》ぎの豊《とよ》

宮城県《みやぎけん》

臣秀次《とみひでつぐ》が謀反《むほん》の疑《うたが》いで切腹《せっぷく》。秀次と親しくしていた政宗《まさむね》にも疑いがかけられたため、急ぎ京《きょう》へのぼった。家臣《かしん》たちの奮闘《ふんとう》と徳川家康《とくがわいえやす》の助けにより疑いは晴れたものの、岩出山《いわでやま》へ帰ることは許《ゆる》されず「そのまま伏見《ふしみ》にとどまるように」と命じられた。

「太閤殿下《たいこうでんか》にはふりまわされたが、茶会や花見に招《まね》かれるなど、目をかけていただきもした。父親のように思えるときもあった」

「殿下が亡《な》くなると、天下はふたたび揺《ゆ》らぎ始めましたね」

「そこからは、戦《いくさ》に次ぐ戦であったな」

豊臣家《とよとみけ》を守ろうとする石田三成《いしだみつなり》と天下《てんか》を取ろうとする家康《いえやす》、天下分け目の戦《たたか》いは奥羽《おうう》にも飛《と》び火《ひ》した。

「豊臣方についた上杉景勝《うえすぎかげかつ》を討《う》てば、失《うしな》った領地《りょうち》を取り戻《もど》せるかもしれないと思ったが、まもなく天下は徳川のものとなった」

くやしそうに遠くを見つめる政宗《まさむね》に、「殿《との》!」と小十郎《こじゅうろう》が声をかける。

「ようやくですね。家康《いえやす》公に岩出山《いわでやま》から居城《きょじょう》を移《うつ》す報告《ほうこく》をし、これでようやく千代《せんだい》で国づくりができますね」

千代は、伊達《だて》の領土《りょうど》を南北に走る海沿《ぞ》いの街道《かいどう》と内陸《ないりく》を走る道が交わる、奥羽《おうう》の交通の要《かなめ》だ。政宗はこの千代の青葉山《あおばやま》に新しい城《しろ》をつくることにした。今日はこれから、城の配置《はいち》を決める縄張始《なわばりはじ》めをおこなうことになっている。

「おれはこれから、国を豊《ゆた》かにするために力をつくす。まずは『千代』という地名を『仙台《せんだい》』と改《あらた》める。『仙人《せんにん》がすむ高殿《たかどの》』という意味だ」

「ほほう、『仙台』とはよい地名ですね」

「めざすのは、民《たみ》が安心して暮《く》らせる豊かな国だ。仙台城をその第一歩とする。いくぞ、小十郎!」

「はいっ！」

ふたりは、家臣《かしん》や職人《しょくにん》たちが待つ城《しろ》づくりの現場《げんば》へと向かった。

翌《よく》年、政宗《まさむね》は城づくりとあわせて、町づくりにも取りかかった。

「みな、よいか、町で大切なのは道だ。南北に走る奥州街道《おうしゅうかいどう》と、仙台城《せんだいじょう》から東にのばした道を交差《こうさ》させ、二つの道が交わった場所を軸《じく》に町をつくる。人の行き来が多い街道沿《ぞ》いには商人や職人といった町人《ちょうにん》の屋敷《やしき》、そのまわりや城の近くには家臣たちの屋敷を置《お》く。そして屋敷には、育ちが早い杉《すぎ》を中心に、柿《かき》や栗《くり》といった実のなる木も植えさせるのだ」

「なるほど、杉は屋敷を建《た》てる材料《ざいりょう》になりますし、薪《たきぎ》や風よけにもなる。柿や栗は子どもたちをよろこばせるだけでなく、食料《しょくりょう》にもなりますな」

うなずく家臣たちに、政宗はさらに命じた。

「人々が暮《く》らすには水が必要《ひつよう》だ。用水の整備《せいび》も忘《わす》れてはならんぞ」

馬上少年過
世平白髪多
残軀天所赦
不樂是如何

仙台藩《せんだいはん》の初代藩主《しょだいはんしゅ》となった伊達政宗《だてまさむね》の肖像画《しょうぞうが》。

仙台市博物館所蔵

政宗《まさむね》が植えさせた木は「屋敷林《やしきりん》」、整備《せいび》させた用水は「四ツ谷用水《よつやようすい》」と呼《よ》ばれた。木が豊《ゆた》かに生《お》い茂《しげ》る姿《すがた》は、今の「杜《もり》の都《みやこ》」につながっている。

政宗の「豊かな国づくり」は、寺や神社にも向けられた。なかでも力を注いだのが、荒《あ》れ果《は》てていた松島《まつしま》・円《えん》福寺《ふくじ》の復興《ふっこう》だった。政宗はこの寺に、戦《いくさ》で亡《な》くなった人々をいたむ思いと、平和への願《ねが》いをこめた。

　生まれ変《か》わった円福寺は、「松島青龍《しょうとうせいりゅう》

山瑞巌円福禅寺《ざんずいがんえんぷくぜんじ》」という名前に改《あらた》められ、伊達家《だてけ》の菩提寺《ぼだいじ》となった。

慶長《けいちょう》二十年（一六一五年）、大坂《おおさか》の陣《じん》で豊臣家《とよとみけ》が滅《ほろ》びると、いよいよ泰平《たいへい》の世がやってきた。政宗《まさむね》は江戸幕府《えどばくふ》のもと、六十二万石《ごく》の仙台藩《せんだいはん》の藩主《はんしゅ》として、豊《ゆた》かな国づくりをおし進めた。

「家臣《かしん》たちを養《やしな》うには、米が必要《ひつよう》だ。水田をつくらねばならん」

仙台藩の領地《りょうち》のほとんどは荒《あ》れ地《ち》だった。政宗はこの荒れ地を家臣たちに与《あた》え、耕《たがや》して水田をつくらせた。米づくりに欠《か》かせない水は川を整《せい》備《び》して確保《かくほ》した。やがて川を中心に豊かな水田地帯《ちたい》が生まれた。そうして収穫《しゅうかく》された米は船で運ばれて江戸《えど》で売られ、藩の財政《ざいせい》をうるおした。

新田《しんでん》の開発に力を入れる一方で、塩《しお》や和紙《わし》、酒など、政宗は国の繁栄《はんえい》につながる産業づくりにも熱心《ねっしん》に取り組んだ。

さらにそのまなざしは、海のむこうにも向けられた。

慶長《けいちょう》十八年（一六一三年）、政宗《まさむね》はメキシコとの貿易《ぼうえき》を求《もと》めて、支倉《はせくら》六右衛門常長《ろくえもんつねなが》をはじめとする慶長遣欧使節団《けいちょうけんおうしせつだん》をヨーロッパに送り出した。常長はスペイン国王とローマ教皇《きょうこう》に政宗の手紙を届《とど》けたが、幕府《ばくふ》がキリスト教を全国的《ぜんこくてき》に禁止《きんし》したこともあって、目的《もくてき》を果《は》たすことはできず、政宗の夢《ゆめ》と常長の活躍《かつやく》は、江戸時代《えどじだい》が終わるまで秘《ひ》され、世に知られることはなかった。

藩主《はんしゅ》として仙台《せんだい》と江戸を行き来しながら、豊《ゆた》かな国づくりにはげむなかで、政宗は鷹《たか》狩《が》りや漢詩《かんし》、和《わ》歌《か》、茶《ちゃ》の湯《ゆ》、能《のう》、香《こう》といった趣味《しゅみ》を楽しむことも忘《わす》れなかった。仕事の合間には、まめに手紙を書き、ときには自分で料理《りょうり》をして人をもてなすこともあったという。晩年《ばんねん》の政宗は、幼《おさな》いころにのぞんだような、家臣《かしん》からも民《たみ》からもしたわれる藩主になった。

宮城県《みやぎけん》

六．心の月を先だてて

寛永《かんえい》十三年（一六三六年）四月二十日、七十歳《さい》になった政宗《まさむね》は、体調の悪さをおして江戸《えど》へ向かった。出発前、家臣《かしん》を連《つ》れて経ヶ峯《きょうがみね》をたずね、「わしが死んだら、ここに埋《う》めよ」と命じたうえでの旅立ちだった。

江戸の屋敷《やしき》に着くと、政宗はさっそく三代将軍《しょうぐん》・徳川家光《とくがわいえみつ》にあいさつをしに江戸城《えどじょう》に向かった。この日から、具合はどんどん悪くなってゆく。

五月二十三日の夜中、目を覚《さ》ました政宗は、「若《わか》いころから戦場《せんじょう》をかけまわり、何度も死を覚悟《かくご》したが、生きのびてきた。このように布団《ふとん》の上で死を迎《むか》えようとは思ってもみなかった」とつぶやいた。

辞世《じせい》の和歌《わか》をのこして翌《よく》二十四日の早朝、政宗は亡《な》くなった。

民《たみ》が安らかに暮《く》らせる国を —— 仙台藩初代藩主《せんだいはんしょだいはんしゅ》・伊達政宗《だてまさむね》

曇《くも》りなき　心の月を　先だてて
浮世《うきよ》の闇《やみ》を　照《て》らしてぞ行く

戦国《せんごく》の世と、泰平《たいへい》の世、二つの時代を生きぬいた七十年の生涯《しょうがい》だった。
政宗《まさむね》がのこした多くのものは、今も仙《せん》台《だい》に息づいている。

宮城県《みやぎけん》

伊達政宗《だてまさむね》が眠《ねむ》る経ヶ峯《きょうがみね》の瑞鳳殿《ずいほうでん》
画像提供：公益財団法人瑞鳳殿

【協力】　青葉城資料展示館　大沢慶尋さん

【参考文献】

・小林清治『人物叢書　伊達政宗』（吉川弘文館、一九八五年）
・平重道『伊達治家記録１〜４』（宝文堂、一九七二年）
・小井川百合子編『伊達政宗言行録　木村宇右衛門覚書』（新人物往来社、一九九七年）
・『特別展　伊達政宗—生誕４５０年記念』（仙台市博物館、二〇一七年）
・菅野正道『伊達の国の物語　政宗からはじまる仙台藩二七〇年』（プレスアート、二〇二一年）
・千葉真弓『独眼竜伊達政宗　1・2』（プレスアート、二〇二二年）

青森県《あおもりけん》

この道を行く

――版画家《はんがか》・棟方志功《むなかたしこう》

田沢《たざわ》 五月《さつき》

一・鍛冶屋《かじや》のおんちゃ

　ここは本州《ほんしゅう》の北のはじっこ、青森県青森市《あおもりけんあおもりし》です。五月だというのに小学校の裏《うら》には、土ぼこりで黒くなった雪のかたまりが残《のこ》っていました。

　元気な声が聞こえてくるのは、一年生の教室です。丈《たけ》の短い着物を着た子どもたちが、ひとりの男の子のまわりに集まっていました。

「スコの描《か》いだダンブリ（トンボ）の羽ッコ、きれいだじゃ」

「このテラッコ（チョウ）は、飛《と》んでいきそうだ！」

　絵を描いている坊主頭《ぼうずあたま》の男の子の名前は、棟方志功《むなかたしこう》。志功がなまって、「スコ」と呼《よ》ばれています。顔を紙にくっつくほど近づけて描いているのは、視力《しりょく》がとても弱いからでした。

　男の子も、女の子も、

「ワ《(オレ)》の帳面さも描《か》いでけろ」

「ワが先だぞ！」とにぎやかです。

むこうで、数人の子が顔をしかめていました。

「さすねえな」

……うるさいということです。

「スコの絵バガめ」

それでも、志功《しこう》は顔中をくしゃくしゃにして笑《わら》っています。

志功は、自由に絵を描ける帳面など買ってもらえません。いつも公園や神社の境内《けいだい》にはいつくばって、小枝《こえだ》で地面に絵を描いています。こうして紙に描けることは、何よりうれしいことでした。

明治《めいじ》三十六年（一九〇三年）、棟方志功《むなかたしこう》はここ青森市《あおもりし》で生まれました。

産声《うぶごえ》がとても大きくて、「鬼《おに》の子が生まれだんではねえが？」と近所の人たちに言われるほど、元気な赤《あか》ん坊《ぼう》でした。

鍛冶屋《かじや》の六番目の子どもで、男の子としては三番目です。青森《あおもり》では、長男以外《いがい》の男の子を「おんちゃ」といいます。

おばあさんはこの赤ん坊に、亡《な》くなったおじいさんの名前の一文字である「彦《ひこ》」とつけたいと思いました。でも、なまって「スコ」と言ったので、お父さんは、「志功《しこう》」と名づけました。青森では、「彦」も「志功」も「スコ」と発音するからです。

志功の下に九人も生まれたので、兄弟はぜんぶで十五人です。

鍛冶屋のお父さんは熱《ねっ》した鉄をカンカン叩《たた》いて、刃物《はもの》や農具、漁具《ぎょぐ》などをつくります。刃物は切れ味がいいと評判《ひょうばん》で、博覧会《はくらんかい》に出品されるほどの腕前《うでまえ》です。家にはたくさんの賞状《しょうじょう》がありました。

けれども、お母さんはいつもお金に困《こま》っていました。お父さんは好《す》ききらいが激《はげ》しくて、気に入らない仕事は絶対《ぜったい》にしないのです。そのうえ、お酒が大好きで、酔《よ》うと人が変《か》わってしまいます。大声を出したり、家族に手をあげることもありました。

お母さんは、その日のご飯《はん》のために、お父さんのつくった道具を売り歩かなければなりません。

青森《あおもり》の冬は、一歩先も見えないほどの吹雪《ふぶき》になります。お母さんが暗くなっても帰らないときは、雪の中で倒《たお》れたのではないかと子どもたちは心配して待ちました。

こうして忙《いそが》しく働《はたら》き続《つづ》けるお母さんは、きれいな着物を着たこともなく、汽車に乗ったこともありません。大人になったら、お母さんに楽をさせてあげたい、きれいな着物も買ってあげたいと志功《しこう》は思いました。

小学一年生のときです。その日は、初《はじ》めての遠足で、友だちは汽車に乗って出かけました。けれども、志功は行くことができませんでした。お金がかかるからです。

そんな志功をかわいそうに思った次男の賢三《けんぞう》兄さんが、

「スコ、外で凧揚《たこあ》げをするべ」と誘《さそ》ってくれました。

強い風が吹《ふ》いていて、凧はおもしろいほどあがります。

「あがれ！　もっと、あがれ！」

大きな声で叫《さけ》んでいたとき、いやなにおいがしました。凧を追いかけるように、どす黒い煙《けむり》があがっていくのが、志功の目にも見えました。

「火事だ！」

急いで家に戻《もど》ると、姉さんが弟や妹と逃《に》げる支度《したく》をしていました。表は逃げまどう人たちで、大さわぎになっています。

「逃げるぞ、おぶされ」

賢三《けんぞう》兄さんがしゃがんだので、小さい弟を背中《せなか》にのせようとしたときです。賢三兄さんがどなりました。

「ちがう。スコ、おめだ。おめが、おぶされ！」

視力《しりょく》の弱い志功《しこう》には足もとがあぶないし、煙《けむり》に巻《ま》かれれば、火の来る方向もわからないだろうと心配してくれたのです。

強風であおられた火が、あちらこちらへと飛《と》んでは、炎《ほのお》をあげます。逃げる道が火の海でふさがれたときには、兄さんの背中で叫《さけ》びました。

「青森《あおもり》中の神さま、仏《ほとけ》さま、消防《しょうぼう》のポンプさま、みんな来て助けてけろじゃー！」

おそろしさに泣《な》き叫《さけ》びながらも、勢《いきお》いづいて龍《りゅう》のように首をもたげる真っ赤な炎《ほのお》、黒煙《こくえん》とともに地べたをはう紫《むらさき》の炎……、その美しさが志《し》功《こう》の胸《むね》に残《のこ》りました。

この青森大火《あおもりたいか》は、多くの民家《みんか》や市役所、病院なども焼失《しょうしつ》する大惨事《だいさんじ》となりましたが、幸い志功の家族も家も無事《ぶじ》でした。

二・小さな絵師《えし》

忙《いそが》しいお母さんにかわって子どもたちの世話をしてくれるのは、おばあさんです。信心《しんじん》深いおばあさんは、よくお寺へ出かけました。そんなとき、志功《しこう》は必《かなら》ずついていきます。字を読めないおばあさんに頼《たの》まれてお経《きょう》の本を読んであげることもありました。

志功は本を読むことが好《す》きでした。時間がたつのも忘《わす》れて読みふけってしまいます。

それでも一番好きなのは、やはり絵を描《か》くことです。近所の善知鳥神《うとうじん》社《じゃ》の境内《けいだい》や、海の近くの合浦公園《がっぽこうえん》に出かけて、地面や砂浜《すなはま》に小枝《こえだ》で絵を描きました。

志功の絵の先生は、草花や鳥や虫などの青森《あおもり》の美しい自然《しぜん》です。

視力《しりょく》は弱いけれど、志功《しこう》は美しいものをだれよりもよく知っています。野菊《のぎく》やハマナスにふれるほど顔を近づけて、そっとさわったり、においをかいだりします。全身でその美しさを感じていました。

また津軽凧《つがるだこ》も先生です。町には津軽凧の絵師《えし》がいます。店先に、武者《むしゃ》などの顔が生き生きと描《か》かれた津軽凧があると、志功は食い入るように見ていました。

もう一つの先生は、ねぶた祭《まつり》です。真夏の夜に「ねぶた」と呼《よ》ばれるたくさんの灯籠《とうろう》が町を練《ね》り歩きます。勇壮《ゆうそう》な武士《ぶし》や歌舞伎《かぶき》のねぶたに、大人も子どもも興奮《こうふん》します。

小さな志功の胸《むね》にも、赤、青、黄など、鮮烈《せんれつ》なねぶたの色が強く刻《きざ》まれました。

三年生になると、志功《しこう》の絵の腕前《うでまえ》は小学校でも評判《ひょうばん》になりました。

「スコ、凧《たこ》の絵ッコ、描《か》いでけろ」

休み時間には、習字の半紙を持った友だちが集まります。志功はだれに頼《たの》まれても、ニコニコして引き受けました。

武者絵《むしゃえ》は目のまわりを桃色《ももいろ》に塗《ぬ》るのが特徴《とくちょう》です。絵の具を持っていない志功は、そこを消えるほど、あわくぼかした墨《すみ》で描きあげます。

すると、みんながざわめきました。

「桃色だ！　桃色に見えるじゃ！」

ほかにも、こんな技《わざ》を持っていました。

たっぷり墨のついた筆を着物の脇《わき》の下にはさんで、ひきぬきます。そうやって、つぶれてバサバサになった筆先で、さっとみだれ髪《がみ》を描くのです。みんなが、「ほーっ！」とため息をつきました。

けれども、図工の成績《せいせき》はまったくダメでした。そのころは、お手本どおりに描《か》かなければ、いい成績をもらえなかったのです。

学校近くの田んぼに小型飛行機《こがたひこうき》が墜落《ついらく》したのは六年生のときです。みんなで現場《げんば》に向かって走ったとき、志功《しこう》は田んぼ脇《わき》の小川のところで転んでしまいました。

「痛《い》てで……」

と言いながら顔をあげると、目の前に白い花が咲《さ》いていました。三枚《まい》の花びらのオモダカです。

「ハアー、きれえな花ッコ」

飛行機のことなど忘《わす》れて、志功はその可憐《かれん》な花に見入ってしまいました。そして、「こんな美しさを表現《ひょうげん》する人になりたい」と思いました。

十二歳《さい》で小学校を卒業《そつぎょう》した志功《しこう》は、お父さんの仕事を手伝《てつだ》うことになりました。兄さんたちといっしょに働《はたら》きます。汚《よご》れた馬そりや汚物《おぶつ》のくみ取り車の下にもぐって、金具を取りかえる作業もあります。それは、つらい仕事でした。

けれど志功が十七歳のとき、棟方《むなかた》の家では鍛冶屋《かじや》の仕事をやめました。お父さんが体調をくずして寝《ね》こみ、兄さんたちも別《べつ》な仕事についたからです。

とても悲しいことがあったのも、このころです。

お母さんが病気で亡《な》くなってしまったのです。苦労続《つづ》きだったお母さんに、きれいな着物を着せてあげることもできないままのお別《わか》れでした。

三、狢《むじな》の仲間《なかま》

志功《しこう》は、青森地方裁判所《あおもりちほうさいばんしょ》の弁護士控所《べんごしひかえじょ》というところで働《はたら》くようになりました。「給仕《きゅうじ》」といって書類《しょるい》を届《とど》けたり、掃除《そうじ》をしたりする雑用《ざつよう》の仕事です。それでも、給料《きゅうりょう》で紙を買うことができます。

早く終われば帰っていいと言われているので、一生懸命《いっしょうけんめい》仕事をして、終わり次第《しだい》公園や街角《まちかど》で絵を描《か》きました。

視力《しりょく》の弱い志功は、子どものころのように紙にしがみつくようにして絵を描きます。地べたをはうようにして描くこともあります。

その姿《すがた》を見て、笑《わら》う人もいました。

「あれは、鍛冶屋《かじや》のおんちゃやだな」

「ああ、絵バガのスコだ」

「スコバガだ」

何を言われても、ただ夢中《むちゅう》で絵を描《か》きました。

職場《しょくば》の人たちは、どんな仕事を頼《たの》んでも、ニコニコして引き受ける志《し》功《こう》をかわいがってくれました。

すばらしいものをくれたのは、弁護士《べんごし》さんです。

「娘《むすめ》のお古だが、よかったら使っておくれ」

それは眼鏡《めがね》でした。おそるおそる眼鏡をかけると、すごいことがおこりました。周囲《しゅうい》がパアッと明るくなって、今まで見えなかったものがはっきりと色や形を持って、現《あらわ》れたのです。

新しい世界が開けたようでした。

「見える！　見える！　先生、こりゃ、見えすぎです。見えすぎです！」

青森県《あおもりけん》

裁判所《さいばんしょ》の廊下《ろうか》を小おどりしながら、叫《さけ》びました。

公園などでスケッチをしていると、声をかけてくる人たちがいます。

「いい絵ッコだな。ワ《おれ》も絵ッコを描《か》いでるんだ」

こうして友だちができました。仏具屋《ぶつぐや》で彫刻《ちょうこく》を習っている者、菓子屋《かしや》の奉公人《ほうこうにん》など、芸術《げいじゅつ》へのあふれるほどの情熱《じょうねつ》を持っている者ばかりです。

「棟方《むなかた》くんは、ゴッホを知ってるが？」

そう言って『白樺《しらかば》』という文芸雑誌《ぶんげいざっし》を見せてくれたのは、教師《きょうし》をしている美術家《びじゅつか》の小野忠明《おのただあきら》です。その雑誌には、オランダの画家、ゴッホの油絵がありました。世界で初《はじ》めて、カラー印刷《いんさつ》で紹介《しょうかい》されたゴッホの絵です。

それを見た志功《しこう》に衝撃《しょうげき》が走りました。

「ゴッホ……、これがゴッホが！」

黄色い絵の具を叩《たた》きつけたような「ひまわり」です。そのなかに、たまらないほどの静《しず》けさも志功《しこう》は感じていました。

魂《たましい》をうばわれたように見つめていた志功は、ふるえる声で叫《さけ》びました。

「ワ（俺）は、ゴッホになる！」

日本のゴッホになってやる。

そんな志功に、小野《おの》はたいせつにしていた『白樺《しらかば》』をくれました。このときから、「ゴッホになる」をくり返す志功をからかって、「ゴッホ、ゴッホって、風邪《かぜ》を引いだのが？」という人もいたほどです。

仲間《なかま》ができて、志功はますます夢中《むちゅう》で絵を描《か》きました。

仕事が休みの日には、二十五キロの山道を歩いて八甲田山《はっこうださん》へかよい、自然《しぜん》をむさぼるように描《か》きました。目をつぶっていても勝手に手が動くほどに青森《あおもり》の自然を志功《しこう》は心身に染《し》みこませていきました。

仲間《なかま》たちと初《はじ》めての展覧会《てんらんかい》をおこなったのは、十九歳《さい》のときです。翌日《よくじつ》の新聞は、「棟方《むなかた》の作品はおどろくべきものだ。氏はまさしく天才だ」と書きました。このことで自信《じしん》をつけた志功は、「東京《とうきょう》に出て絵描きになる」という思いを強くしていきます。

このころ、仲間たちと演劇《えんげき》や文学の勉強をする会も結成《けっせい》しています。よりよい作品を描くためには、絵の勉強だけをしていてはだめだと考えたからでした。

会の名前は「貉《むじな》の会」です。「同じ穴《あな》の貉」の言葉のように、それぞれ別《べっ》な暮《く》らしはしているが、同じ目標《もくひょう》を持った仲間という意味です。

文学作品の朗読《ろうどく》や芝居《しばい》の上演《じょうえん》をし、短歌《たんか》もつくります。こうして、ますます文学が好《す》きになった志功《しこう》はたくさんの本を読み、のちに日本を代表する文人たちとすばらしい仕事をしていくようになります。

東京《とうきょう》へ出る決心をした志功や仲間《なかま》たちが、もう一つ始めたのは「東京《とうきょう》弁《べん》コ」の勉強会です。東京の言葉を話せるようになろうと思ったのです。

「自分のごどは、『ぼく』、相手のごどは『きみ』だ。ええな」

「ワ（わたし）、ナ（あなた）の方が簡単《かんたん》だじゃ」

……こんな感じです。これだけは成果《せいか》が出なかったようです。志功は生涯《しょうがい》、強い青森《あおもり》なまりのままでした。

このころの仲間はみんな、のちに有名な芸術家《げいじゅつか》になっています。

四. 果《は》てしない夢《ゆめ》

志功《しこう》は一日も早く東京《とうきょう》へ出たいと思っていました。けれども、お金がありません。そんな志功を助けてくれたのは、裁判所《さいばんしょ》の弁護士《べんごし》さんたちです。みんなで東京へ行くためのお金を出し合ってくれたのです。

志功には米屋をしているおばさんがいます。東京での生活費《せいかつひ》は、このおばさんと、大火《たいか》のときに志功をおんぶして逃《に》げてくれた賢三《けんぞう》兄さんが毎月送ってくれることになりました。賢三兄さんは、自分の生活にも余《よ》裕《ゆう》がないなかで、そう言ってくれたのです。

病気でふせっていたお父さんは、このころはすっかり穏《おだ》やかになっていました。志功が東京へ行くと伝《つた》えると、「えらい絵描《えか》きになって帰ってこい」と心から応援《おうえん》の言葉をくれました。

こんなにまでしてもらっては、成果《せいか》をあげないわけにはいきません。「帝展《ていてん》という日本で一番難《むずか》しい展覧会《てんらんかい》に入選《にゅうせん》するまでは、何があっても帰らない」と宣言《せんげん》して、東京《とうきょう》に向かいました。二十一歳《さい》のときです。

胸《むね》をはずませて東京へ来ましたが、絵の勉強をさせてもらうつもりだった先生の家では玄関払《げんかんばら》いをされてしまいます。

下宿したのは、米屋のおばさんの知り合いの家でした。三間《ま》しかない家に家族といっしょに寝泊《ねと》まりです。この下宿代だけで、おばさんと賢《けん》三兄《ぞう》さんが送ってくれるお金は、ほとんど消えてしまいます。

絵の具を買うお金にも困《こま》る生活でしたが、下宿近くの大学や公園などでスケッチを続《つづ》け、腕《うで》をみがきました。

その晩《ばん》、志功《しこう》は上野公園《うえのこうえん》で自分の名前が呼《よ》ばれるのを待っていました。

「帝展《ていてん》に入選《にゅうせん》するまでは、何があっても帰らない」と言ってふるさとを出てきました。その結果《けっか》発表が、今、おこなわれています。

応募《おうぼ》したのは、青森《あおもり》で写生にかよった合浦公園《がっぽこうえん》の絵です。藤棚《ふじだな》の下に鯉《こい》が泳いでいます。大好《だいす》きなアヤメも描《か》きそえました。

「ワ(おれ)の自信作《じしんさく》だ。必《かなら》ず入選する」

ひとり、またひとりと入選者の名前が呼ばれます。青森からひと足先に出てきた人が呼ばれて、カメラのフラッシュを浴《あ》びています。

胸《むね》が高鳴ります。次は自分だ。今か今かと待ちました。

「入選者は以上《いじょう》です」の言葉に、志功は耳を疑《うたが》いました。

「うそだ……。うそだ……。そったなごどが、あるわげねえ！」

そのあと、どうやって下宿に帰ったかさえ覚《おぼ》えていません。

「くそったれ！　くそったれ！」

くやしさに泣《な》きわめいて、下宿の畳《たたみ》の上をのたうちまわる日が続《つづ》きます。

そんな志功《しこう》をしかってくれたのは、近所の長屋に住む女の人です。同じ東北《とうほく》出身で、志功の絵を評価《ひょうか》してくれていました。

「志功さん、よかったんだよ。今、入選《にゅうせん》したら、あんたはちっぽけな画家で終わってしまう。大きな絵《え》描《か》きになるためには、何度も落選《らくせん》しなきゃだめなんだ」

起きあがった志功は畳に両手をついて、頭を下げました。

「わかります。そのとおりだじゃ。そのとおりだじゃ」

来年こそは必《かなら》ず入選してみせる……自分にそう言い聞かせて、また描《か》きました。けれども、翌《よく》年も、その翌年も、結果《けっか》は同じ落選でした。

お金に困《こま》る日は続《つづ》きます。大きい声をいかして、「ナットー、ナットー！」と納豆《なっとう》売りなどの仕事をしましたが、うまくいきません。

帝展《ていてん》は一年に一回です。いつも発表を見に行くときは、青森《あおもり》に帰省《きせい》するためのお金をふところに入れていましたが、四回目も、それは無駄《むだ》になりました。

また落選《らくせん》です。

こうしている間に青森では、おばあさんとお父さんが亡《な》くなりました。おばあさんは忙《いそが》しいお母さんにかわって、志功《しこう》たち孫《まご》をたいせつに育ててくれました。

お父さんには、お酒を飲むとずいぶん困《こま》らされました。けれども、曲がったことがきらいな性格《せいかく》と立派《りっぱ》な仕事ぶりを志功は尊敬《そんけい》していました。東京《とうきょう》へ出てからは、志功《しこう》の成功《せいこう》を祈《いの》って、心からのはげましの手紙も送ってくれました。

そんな、ふたりの葬儀《そうぎ》にも帰らず、お母さんのお墓参《はかまい》りにも行けていません。

いつになったら帰れるのだろう。青森《あおもり》の海、山、家族、友人が恋《こい》しくて仕方がありませんでした。「帝展《ていてん》に入選《にゅうせん》するまで帰らない」などと言うのではなかった……と何度も涙《なみだ》を流しました。

それでも、自分を応援《おうえん》してくれる人たちのことを思うと、このまま帰るわけにはいきません。

賢三《けんぞう》兄さんは寒さの厳《きび》しい青森《あおもり》の冬に、自分の防寒着《ぼうかんぎ》を質屋《しちや》に入れてまで、お金を送ってくれます。病気でふせっている姉さんは、ふるさとを恋しく思っている志功のために、青森の新聞を送り続《つづ》けてくれています。

志功《しこう》は朝も昼も夜も絵を描《か》き続《つづ》けました。夜中に目を覚《さ》ますと、腕《うで》をあげて空中に描いていることもありました。「美術《びじゅつ》学校へも行かない志功の絵はデッサンがなっていない」とも言われ、必死《ひっし》にデッサンにもはげみました。

五回目の帝展応募《ていてんおうぼ》は、青森《あおもり》の果樹園《かじゅえん》を思いおこして描いたヒルガオやナデシコ、野菊《のぎく》、枯《か》れた葡萄棚《ぶどうだな》に少しの果実《かじつ》……そんな絵です。「雑《ざつ》園《えん》」と題名をつけました。

発表の日、志功は植木の陰《かげ》で待ちました。ここなら、また落選《らくせん》してもひとりで泣《な》くことができます。数人が呼《よ》ばれたあとでした。

「雑園　棟方志功《むなかたしこう》」

と呼《よ》ばれたのです。夢《ゆめ》ではありません。

空気がなくなったように感じます。腰《こし》もなくなったようにメタメタとなって、そこにくずれてしまいました。そのまま土の上に座《すわ》って、天国のお父さんとお母さんに、「帝展《ていてん》へ入選《にゅうせん》しました」と報告《ほうこく》しました。

やっと植木の陰《かげ》からはい出すと、大勢《おおぜい》の新聞記者たちに取り囲《かこ》まれました。床屋《とこや》にも行っていないクマのような志功《しこう》に、たくさんのカメラのフラッシュが浴《あ》びせられます。

うれしさを噛《か》みしめながら、そのまま青森《あおもり》行きの夜行列車に乗りました。

五．故郷《こきょう》

志功《しこう》の帝展入選《ていてんにゅうせん》は青森《あおもり》の新聞にも大きく報《ほう》じられ、故郷《こきょう》の人たちはよろこびにわき返っていました。

賢三《けんぞう》兄さんも、青森の新聞を送り続《つづ》けてくれた姉さんも、涙《なみだ》を流してよろこんでくれます。

「東京《とうきょう》で苦労してきたんだがら、少し遊んでいけ」と言ってもらって、しばらくふるさとに滞在《たいざい》することになりました。

小学校の遠足にも行けなかった志功は、初《はじ》めて龍飛岬《たっぴみさき》などへ旅をし、山と海と岩や灯台《とうだい》を描《か》きました。

志功はあふれるほどの絵への情熱《じょうねつ》、描けることのよろこびを感じていました。のちに妻《つま》となるチヤと親しくなったのも、このころです。

帝展《ていてん》に入選《にゅうせん》したからといって、生活は楽になりません。東京《とうきょう》へ戻《もど》った志功《しこう》は、青森《あおもり》から上京した友人の家に転がりこんでいました。

そのころから志功は、自分が本当にやるべき道はなんなのかと真剣《しんけん》に考えるようになりました。日本人として生まれた自分の魂《たましい》を揺《ゆ》り動かすもの、命をかけるものを見つけたいと強く思ったのです。

それは西洋から来た油絵ではないのかもしれない……。あこがれてきたゴッホは日本の浮世絵《うきよえ》を高く評価《ひょうか》し、影響《えいきょう》を受けています。日本には日本独自《どくじ》のすばらしいものがあるのです。

川上澄生《かわかみすみお》という版画家《はんがか》の「初夏《はつなつ》の風《かぜ》」という作品に感銘《かんめい》を受けて版画も始めていた志功は、自分の進む道はこれだと気がつきました。

「これだ。この道を行く」

そう思ったとき、火の玉のようなものが体をかけめぐりました。体を焼《や》きつくすほどの炎《ほのお》が燃《も》えあがるのを志功《しこう》は感じていました。

無我夢中《むがむちゅう》で版画《はんが》の道を歩み出した志功は、次々に作品を発表していきます。

志功は昭和《しょうわ》五年にチヤと結婚《けっこん》してふたりの子どもが生まれていました。しかし、東京《とうきょう》に呼《よ》ぶことができず、家族は青森《あおもり》の実家に待たせたままでした。やっと部屋を借《か》りていっしょに暮《く》らすようになったのは三年以上《いじょう》もたってからのことです。けれども、生活はあいかわらず苦しいままでした。

大きな絵を描《か》きたい気持ちをおさえられなくて、借りている部屋の襖《ふすま》いっぱいに鮹入道《たこにゅうどう》を描いて、大家さんにしかられました。それでも、また描《か》きたい気持ちをがまんできず、トイレの壁《かべ》に観音《かんのん》さまを描きました。
この絵のうわさは広がって「雪隠観音《せっちんかんのん》」を見せてください、とトイレを借《か》りに来る人もあり、チヤを困《こま》らせました。雪隠《せっちん》とはトイレのことです。

昭和《しょうわ》十一年、洋画、版画《はんが》、彫刻《ちょうこく》などの展覧会《てんらんかい》に、志功《しこう》は「大和《やまと》し美《うるわ》し」という二十の絵巻《えまき》のように壮大《そうだい》な版画を出品しました。その作品のすばらしさにおどろいたのは、思想家《しそうか》の柳宗悦《やなぎむねよし》、陶芸家《とうげいか》の河井寛次郎《かわいかんじろう》、濱田《はまだ》庄司《しょうじ》です。

三人は志功の大きな才能《さいのう》に気づき、それをのばすためにできるかぎりのことをしてくれました。初《はじ》めて「師匠《ししょう》」と呼《よ》べる人々を持った志功は、三人の教えをどんどん吸収《きゅうしゅう》していきます。

青森県《あおもりけん》

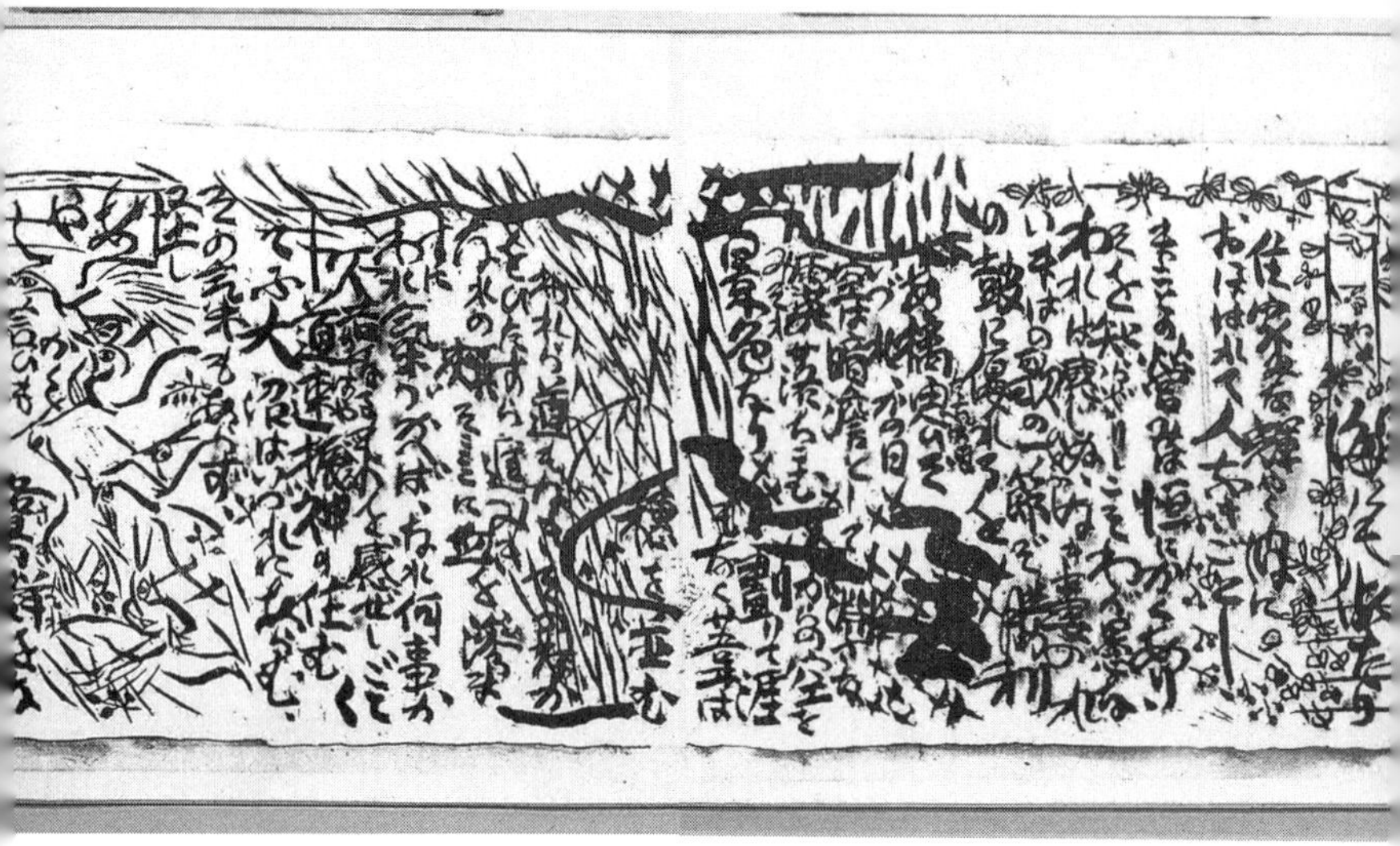

画像提供：一般財団法人 棟方志功記念館

河井《かわい》は京都《きょうと》の自宅《じたく》に志功《しこう》をひと月以上《いじょう》も滞在《たいざい》させて、仏教《ぶっきょう》の経典《きょうてん》を教え、神社やお寺をめぐらせてくれました。このときのことを、志功は、「たましいの太ってくるのを覚《おぼ》えた」と言っています。

それ以来《いらい》、志功は作品に釈迦《しゃか》、菩《ぼ》薩《さつ》、神々など、宗教的《しゅうきょうてき》な世界観《せかいかん》を大きく展開《てんかい》させていくようになります。

志功の作品を高値《たかね》で買い取ってくれたり、後援会《こうえんかい》をつくって資金《しきん》を

棟方志功《むなかたしこう》「大和《やまと》し美《うるわ》し」（部分、板画《はんが》、1936年）

集めてくれたのも、この人たちです。そのおかげで生活費《せいかつひ》の心配をせずに仕事に没頭《ぼっとう》できるようになった志功《しこう》は、すばらしい作品を次々に生み出します。

「版画《はんが》」という漢字は学校でも習う正しい字ですが、志功はそれを「板《はん》画《が》」という文字で表すようになりました。板が持っている性質《せいしつ》を生かし、板の命を彫《ほ》りおこすのが自分の仕事だと思ったのです。

六・戦争《せんそう》

作品も売れるようになり、思う存分《ぞんぶん》仕事に打ちこめるようになったころには、大きな暗い影《かげ》が世界中をおおっていました。第二次世界大戦《だいにじせかいたいせん》です。

昭和《しょうわ》二十年（一九四五年）三月には、東京大空襲《とうきょうだいくうしゅう》がありました。

志功《しこう》はチヤと四人の子どもを連《つ》れて、富山県福光《とやまけんふくみつ》（今の富山県南砺市《とやまけんなんとし》福光《ふくみつ》）に疎開《そかい》しました。東京の家にはたくさんの版木《はんぎ》（志功は「板木《はんぎ》」と書く。版画《はんが》を刷《す》るために彫《ほ》った板）や絵画などを残《のこ》したままです。

身を切られる思いですが、家族の命と引きかえにはできません。

しかし、あきらめなかったのはチヤです。戦火《せんか》の激《はげ》しい東京へひとり戻《もど》ってしまったのです。チヤは山ほどの志功の作品や家財《かざい》道具を富山に送るために荷づくりをしました。しかし、戦火《せんか》で混乱《こんらん》するなか、荷物を送ることはたやすくありません。

一か月もの間、東京《とうきょう》に滞在《たいざい》して百二十個《こ》ほどの荷物を発送し、防空壕《ぼうくうごう》にも運び入れました。

激《はげ》しい空襲《くうしゅう》で、家に残《のこ》された作品も、防空壕に入れたものさえも、炎《ほのお》に焼《や》きつくされてしまったのは、チヤが東京を発《た》った翌日《よくじつ》のことです。

チヤが送った荷物のうち、富山《とやま》に無事《ぶじ》に届《とど》いたのは、わずか二十個だけでした。

そのなかには、志功《しこう》が大切にしていたイギリス製《せい》の椅子《いす》の添《そ》え木《ぎ》として送った五枚《まい》の版木《はんぎ》がありました。「釈迦十大弟子《しゃかじゅうだいでし》」です。約《やく》一メートルの細長い板の裏《うら》と表に、お釈迦《しゃか》さまの十人の弟子が一体ずつ彫《ほ》られて

画像提供：一般財団法人 棟方志功記念館

います。これに二体の菩薩《ぼさつ》を加《くわ》えた作品で、のちに志功《しこう》は国際的《こくさいてき》な美術展《びじゅつてん》でグランプリを受賞《じゅしょう》することになります。

志功の家族は、疎開《そかい》した富山《とやま》で七年近くをすごしました。

この間、北陸《ほくりく》の美しい自然《しぜん》の中で、多くの僧侶《そうりょ》や文化人と交わり、志功の作品は、より深みを増《ま》すようになります。すぐれた書家《しょか》たちに出会い、本格《ほんかく》的《てき》な「書」を始めたのもこのときです。

棟方志功《むなかたしこう》「二菩薩釈迦十大弟子《にぼさつしゃかじゅうだいでし》」(板画《はんが》、1939年、1948年改刻《かいこく》、1967年摺《すり》)

七. 世界のMUNAKATA《ムナカタ》

昭和《しょうわ》二十六年暮《く》れに東京《とうきょう》に戻《もど》った志《し》功《こう》は、翌《よく》年、スイスのルガノ国際版画《こくさいはんが》展《てん》で優秀賞《ゆうしゅうしょう》を受賞《じゅしょう》します。その三年後にはブラジルのサンパウロ・ビエンナーレ国際美術展《こくさいびじゅってん》で版画部門最高賞《さいこうしょう》受賞、その翌年にはイタリアのヴェネツィア・ビエンナーレ国際美術展で国際版画大賞受賞……と、数々の世界的《せかいてき》な賞を受賞していきました。

分厚《ぶあつ》い瓶底《びんぞこ》のような眼鏡《めがね》をかけた志

土門拳《どもんけん》「棟方志功《むなかたしこう》」1955年　土門拳記念館所蔵

功は、版木《はんぎ》にぶつかるほど顔を近づけ、一心《いっしん》不乱《ふらん》にすごい速さで彫《ほ》り続《つづ》けます。その姿《すがた》は、志功《しこう》の中にやどった何かが作品をつくらせているように見えました。

五十六歳《さい》のときにアメリカに招《まね》かれた志功は、チヤと、長男を連《つ》れていきました。アメリカでは、ニューヨークなど六都市の大学で講義《こうぎ》をし、個展《こてん》も開きます。

美術館《びじゅつかん》もたずねました。一番おどろいた絵は、ピカソの「ゲルニカ」です。その仕事の立派《りっぱ》さに、胸《むね》がいっぱいになりました。

夏休みには飛行機《ひこうき》でヨーロッパへ足をのばし、各国《かっこく》をめぐりました。

オランダで、ゴッホの作品に会うために美術館をたずねたときのことです。

あこがれ続《つづ》けていたゴッホの作品に会うことができて、言葉にならないほど感激《かんげき》した志功《しこう》をさらにおどろかせることがありました。ゴッホの作品のとなりに、畳《たたみ》が敷《し》かれ屏風《びょうぶ》を立てた和風の展示《てんじ》スペースがあったのです。日本人の作品もあるようです。

「あっ！」と指さすチヤの声がふるえました。

「ほ、ほらこれを……」

そこにあったのは志功自身の作品だったのです。

この旅では、ミケランジェロの「最後《さいご》の審判《しんぱん》」やボッティチェッリの「ビーナスの誕生《たんじょう》」など数えきれない作品に陶酔《とうすい》し、パリ近郊《きんこう》の町でゴッホの墓《はか》もたずねました。

帰国したころには、志功《しこう》の左の目は、ほとんど見えなくなっていました。それでも、情熱《じょうねつ》はおとろえることがなく、意欲的《いよくてき》に作品をつくり続《つづ》けます。

故郷《こきょう》からうれしい知らせがあったのは六十六歳《さい》のときです。世界的《せかいてき》な活躍《かつやく》を見せた志功を、青森市《あおもりし》が第一号の名誉市民《めいよしみん》に選出《せんしゅつ》したのです。自分を生んで、育ててくれた大好《だいす》きな青森での表彰《ひょうしょう》です。長い間応援《おうえん》し続けてくれた家族や友人たち、そして、青森中の人たちが、志功を歓喜《かんき》して迎《むか》えてくれました。

オモダカの花が目に浮《う》かびます。

「この美しさを表現《ひょうげん》する人になる」……そう思わせてくれた可憐《かれん》な姿《すがた》が、優《やさ》しかったお母さんの顔に重なり、涙《なみだ》が止まりませんでした。

「絵バガ」「スコバガ」と言われた「鍛冶屋《かじや》のおんちゃ」の志功《しこう》は翌《よく》年、青森県人《あおもりけんじん》として初《はじ》めて、文化勲章《ぶんかくんしょう》も授《さず》けられます。

その後も志功は、「生命感の湧《わ》き出る自由で新しい日本の現代美術《げんだいびじゅつ》」と世界中から賞賛《しょうさん》される作品の数々を生み出していきました。

昭和《しょうわ》五十年、版画《はんが》のほか、油絵、倭画《やまとが》（日本画）や「書」など、一万点以上《いじょう》の作品を生み出した志功は、ささえてくれたたくさんの人に感謝《かんしゃ》しながら、肝臓《かんぞう》ガンで亡《な》くなりました。七十二歳《さい》でした。

世界のMUNAKATA《ムナカタ》とたたえられる棟方志功《むなかたしこう》は、青森市内を見渡《みわた》せる霊園《れいえん》で、ゴッホの墓《はか》を模《も》したお墓に眠《ねむ》っています。

青森県《あおもりけん》

【協力】石井頼子さん
一般財団法人棟方志功記念館

【参考文献】

・棟方志功『板極道』(中公文庫、一九七六年)
・棟方志功『哀しき父と悲しき母の物語』(緑の笛豆本の会、一九六九年)
・棟方志功『わだばゴッホになる』(日本経済新聞社、一九七五年)
・石井頼子『もっと知りたい　棟方志功』(東京美術、二〇一六年)
・石井頼子『棟方志功の眼』(里文出版、二〇一四年)
・長部日出雄『鬼が来た』(文春文庫、一九八四年)
・長部日出雄『棟方志功の世界　柳は緑、花は紅』(講談社カルチャーブックス、一九九一年)

福島県《ふくしまけん》

伝染病研究《でんせんびょうけんきゅう》に命をかけて

——医学者野口英世《のぐちひでよ》

堀米《ほりごめ》 薫《かおる》

二〇〇四年から二〇二四年まで、千円札の肖像《しょうぞう》として描《えが》かれた、野口《のぐち》英世《ひでよ》。一八七六年、野口清作《のぐちせいさく》（のちに野口英世と名乗る）として、現在《げんざい》の福島県耶麻郡猪苗代町《ふくしまけんやまぐんいなわしろまち》の貧《まず》しい農家に生まれた。

野口《ぐち》英世《ひでよ》の肖像写真《しょうぞうしゃしん》。
画像提供：公益財団法人野口英世記念会

一・おらは医者になる

清作《せいさく》が一歳《さい》半のときのことです。小川で洗《あら》いものをしていた母のシカは、激《はげ》しい泣《な》き声にハッとしました。

「ぎゃあ～ん！」

シカが家に飛《と》びこむと、昼寝《ひるね》をしていたはずの清作が、囲炉裏《いろり》の中に手をつっこんだまま、うつぶせになっているではありませんか。

このころは、家の床《ゆか》を四角い形に切った囲炉裏で火をたき、部屋を暖《あたた》めたり食べものを煮《に》たりしていました。

「清作！　清作！」

シカがあわてて清作を抱《だ》きあげると、左手は真っ赤に焼《や》けただれていました。

清作《せいさく》の家は、村の中でもひときわ貧《まず》しく、医者にかかるお金などありません。シカは、やけどに味噌《みそ》をぬりつけて布《ぬの》で巻《ま》き、痛《いた》がって泣《な》く清作を、抱《だ》きしめるしかありませんでした。

「清作や、ごめんしてけろ。ああ、観音《かんのん》さま、清作をお助けください」

シカの必死《ひっし》の看病《かんびょう》で命をとりとめたものの、清作の左手は皮膚《ひふ》がくっついてしまい、にぎりこぶしのような形になってしまいました。

小学校にかようようになると、友だちに左手をからかわれるようになり、清作は、着物の袖《そで》やふところに、左手を隠《かく》すようになりました。

「おい、お前の左手を見せてみろ。やあい、やあい！」

逃《に》げ帰った清作が、家の陰《かげ》で泣《な》いていると、シカがやってきます。

「おっかあ、くやしい。おら、こんな手じゃ百姓《ひゃくしょう》仕事もできない」

「負けるな、清作！　おまえは誰《だれ》よりも勉強しろ。学問で生きるんだ」

シカは、清作《せいさく》をはげまし続《つづ》けました。

「よ〜し、おらは 勉強で生きていくんだ。絶対《ぜったい》に負けるものか！」

清作は必死《ひっし》で勉強をし、学年で一番の成績《せいせき》を取り続《つづ》けました。

けれども、清作の家は借金《しゃっきん》ばかりで、小学校より上の学校に行けるはずなどありません。

「せっかく勉強したのに、この先、どうすればいいんだろう……」

いよいよ、小学校の卒業《そつぎょう》が近づいたとき、高等小学校《こうとうしょうがっこう》※の小林栄《こばやしさかえ》先生が、卒業試験《しけん》の試験官《しけんかん》として面接《めんせつ》試験をおこないました。そして、清作の優秀《ゆうしゅう》さと左手のようすに気がつきました。

（この子はずばぬけて優秀だ。家が相当貧《まず》しいらしいが、なんとか勉強を続けさせてやりたい）

清作はシカといっしょに、先生の家に呼《よ》ばれました。

「お母さん、わたしがお金を出してあげますから、清作《せいさく》くんを高等小学《こうとうしょうがっ》校《こう》にかよわせてください」

小林《こばやし》先生の助けで、高等小学校にかよえるようになって三年ほどたったある日、清作はこのような作文を書きました。

「わたしは、手が不自由《ふじゆう》なことから、母の農作業《のうさぎょう》も満足《まんぞく》に手伝《てつだ》うこともできず、何度小刀で指を切り離《はな》したいと考えたことか。がんばって勉強をして、かならずりっぱな人間になりたいのです……」

小林先生は、生徒や周囲《しゅうい》の先生たちにこの作文を見せました。

「清作くんのために、みんなでお金を出し合って、左手を治《なお》してあげましょう」

心を動かされた先生や友人たちが、そう言って清作のためにお金を出してくれました。

会津若松《あいづわかまつ》という大きな町に、渡部鼎《わたなべかなえ》先生という、アメリカ帰りの有名な医者がいました。清作《せいさく》は、みんなが出してくれたお金で、固《かた》まった指を切り離《はな》す手術《しゅじゅつ》をしてもらえることになりました。

「う、う……。痛《いた》い……。でも、おらの手はきっとよくなるんだ」

清作は、手術の間、痛みに耐《た》え続《つづ》けました。

包帯《ほうたい》が取れたとき、自分の手を見て清作はハッとしました。

「すごい……！　まだ不自由《ふじゆう》さは残《のこ》っているが、物がつかめるようになっているぞ。医者とは、なんとすばらしい仕事なんだ。おらも、医者になりたい！」

清作は、手術をしてくれた渡部先生に頼《たの》んで医院に住みこみ、仕事の手《て》伝《つだ》いをしながら医学の勉強をさせてもらうことになりました。

渡部先生のもとには、医者を志《こころざ》す生徒が何人もいましたが、みんな清作《せいさく》が夜遅《おそ》くまで勉強する姿《すがた》におどろきました。

「清作くん、体をこわすぞ。そろそろ寝《ね》たらどうだい」

「いいや。ナポレオンというフランスの英雄《えいゆう》は、一日に三時間しか寝なかったというじゃないか。おらにだってできる。何よりも、一日も早く医者になりたいんだ」

清作は、渡部《わたなべ》先生のところにいる間に、医学だけでなくフランス語やドイツ語も、すさまじい集中力で身につけていきました。

そんなとき、渡部先生の友人で、歯科医学院《しかいがくいん》（歯医者になるための学校）の血脇守之助《ちわきもりのすけ》先生に出会います。

「君の優秀《ゆうしゅう》さにはおどろいたよ。東京《とうきょう》に来たら、ぜひたずねてきなさい」

血脇先生はそう言って、清作に名刺《めいし》を渡《わた》してくれました。

※ 高等小学校《こうとうしょうがっこう》は、現在《げんざい》の中学一年生・二年生にあたるが、義務《ぎむ》教育ではなかった。

二・細菌《さいきん》を研究《けんきゅう》する

このころ、大学を出ずに医者になるには、国の試験《しけん》を二回受けなければなりませんでした。

十九歳《さい》のとき、清作《せいさく》は東京《とうきょう》へ、医者の試験を受けに行くことになりました。そのための費用《ひよう》は、小林《こばやし》先生をはじめ友人たちが出してくれました。

いよいよ東京へと旅立つ日、清作は、家の柱に「志《こころざし》を得《え》ざれば、再《ふたた》び此《この》地を踏《ふ》まず（医者として成功《せいこう》しなかったら、二度と家には

清作《せいさく》の決意が刻《きざ》まれた床柱《とこばしら》。
画像提供：公益財団法人野口英世記念会

帰ってこない)」と刻《きざ》みつけ、強い気持ちで旅立ったのです。

清作《せいさく》は、無事《ぶじ》前期試験《しけん》に合格《ごうかく》しますが、医者になるには、一年後におこなわれる後期試験にも合格しなければなりません。

ところが、清作は、先生が準備《じゅんび》してくれたお金をあと先も考えずに使ってしまうことがありました。

お酒を飲んだりして、みんなからもらったお金を、たちまちのうちに使い果《は》たしてしまったのです。困《こま》った清作は、渡部《わたなべ》先生のところで名刺《めいし》をもらった、血脇《ちわき》先生のところへ転がりこみました。

「血脇先生、どうかお助けください!」

「う〜む……。仕方がない。なんとかしてあげよう」

血脇先生の助けで、歯科医学院《しかいがくいん》に住みこみ、掃除《そうじ》や始業ベルを鳴らす仕事をしながら勉強を続《つづ》けることができました。

後期試験《しけん》にも合格《ごうかく》して、ついに医者の資格《しかく》を取り、大きな病院で働《はたら》くようになりましたが、そこで悩《なや》みを抱《かか》えるようになります。

（この左手では、医者にはなったものの、患者《かんじゃ》を直接《ちょくせつ》診《み》ることは、なかなかやらせてもらえない。おらには、医者は無理《むり》なのか……）

そこで、清作《せいさく》は、病気の原因《げんいん》となる目に見えない生きものを研究《けんきゅう》する「細菌学《さいきんがく》」の道に進むことを決めます。

細菌学研究で有名な、北里柴三郎《きたさとしばさぶろう》が所長をつとめる伝染病《でんせんびょう》研究所の助手となり、働き始めました。

このころ、清作は、有名な作家が書いた小説《しょうせつ》を読んでびっくりしてしまいました。自分の名前と二文字ちがいの、「野々口精作《ののぐちせいさく》」という優秀《ゆうしゅう》な医学生が、酒におぼれ、だらしない生活におちいってしまうという話です。

「まるで、おらが、この小説《しょうせつ》のモデルだと思われてしまう。いっそ、名前を変《か》えようと思うのです」

恩師《おんし》の小林《こばやし》先生に相談《そうだん》すると、先生は、「英世《ひでよ》」という名前を考えてくれました。

それ以来《いらい》、「野口英世《のぐちひでよ》」と名乗り、はりきって仕事に打ちこみましたが、大学を出ていないため本格的《ほんかくてき》な細菌学《さいきんがく》の研究《けんきゅう》はできません。

ある日、英語が得意《とくい》なことから、英世は、アメリカから来たフレキスナー博士《はかせ》の通訳《つうやく》を命じられました。一生懸命《いっしょうけんめい》に通訳をつとめましたが、歓迎《かんげい》パーティーでは、英世は会場に入ることができず、別《べつ》の部屋でひとり食事をとらされたのです。

（大学を出ていないというだけで、一人前と見てもらえないのか……！）

英世《ひでよ》は、唇《くちびる》を噛《か》みしめ、くやし涙《なみだ》を流しました。

フレキスナー博士《はかせ》は英世に、「アメリカに留学《りゅうがく》するなら相談《そうだん》に乗りますよ」と言って、帰っていきました。

（アメリカか……。アメリカなら、大学を出ていなくても、自由に研究《けんきゅう》させてもらえるかもしれない！）

横浜海港検疫所《よこはまかいこうけんえきじょ》の検疫医官《けんえきいかん》時代の野口英世《のぐちひでよ》。

画像提供：公益財団法人野口英世記念会

英世の胸《むね》の中で、アメリカで勉強する夢《ゆめ》がふくらみます。しかし、留学をするには、船に乗るお金など、大金が必要《ひつよう》でした。

英世は、海外から来る船に、伝染《でんせん》病《びょう》の患者《かんじゃ》がいないかを検査《けんさ》する検疫《けんえき》医官《いかん》として働《はたら》くことになりました。

ある日、英世《ひでよ》は、船の中で熱《ねつ》を出した船員を見て、（もしや、ペストでは？）とハッとします。さっそく血液《けつえき》の検査《けんさ》をして確《たし》かめました。

「やはりペストだ！　日本に入ったら大変《たいへん》なことになる！」

ペストは、高い熱と発疹《ほっしん》が出て、伝染力《でんせんりょく》が強いうえに死亡率《しぼうりつ》も高いおそろしい病気でした。横浜《よこはま》には、これまでペストの患者《かんじゃ》は出ていなかったため、この発見により、野口英世《のぐちひでよ》の名前は多くの人に知られるようになりました。

その後も検疫医官《けんえきいかん》として働《はたら》きながら、胸《むね》に秘《ひ》めた思いはふくらむばかりです。英世は、血脇《ちわき》先生に相談《そうだん》しました。

「血脇先生、わたしは、アメリカに留学《りゅうがく》したいのです」

「アメリカ留学には大金が必要《ひつよう》だ。だが、君ならきっとすばらしい学者になるにちがいない。よし、わたしがなんとかしてあげよう！」

血脇《ちわき》先生は、いろいろな人に頼《たの》んで、お金を集めてくれました。ところが、出発の前のお祝《いわ》いの会で、英世《ひでよ》はつい気が大きくなってしまい、ふたたび、大金を使い果《は》たしてしまったのです。

「血脇先生、すみません！」

「まったく、君には困《こま》ったものだ……。だが、その才能《さいのう》を埋《う》もれさせるわけにはいかんだろう」

頭を下げて謝《あやま》る英世を前に、あきれ果てた血脇先生でしたが、英世の才能を信《しん》じ、もう一度お金を集めて渡《わた》してくれました。

お金では失敗《しっぱい》ばかりの英世でしたが、ふしぎと、英世の才能と学問への情熱《じょうねつ》に心を動かされ、応援《おうえん》してくれる人が必《かなら》ずいるのでした。

英世はついに、夢《ゆめ》だったアメリカに渡りました。たずねていったのはかつて通訳《つうやく》をした、フレキスナー博士《はかせ》の大学でした。

三．アメリカで活躍《かつやく》

「ノグチ？　いったい、君は誰《だれ》だね？」

英世《ひでよ》のことをすっかり忘《わす》れていたフレキスナー博士《はかせ》は、目の前に現《あらわ》れた英世を見て目を丸くしました。

英世は必死《ひっし》で頼《たの》みこみました。

「どうか、ここで勉強させてください。日本に帰るお金はないのです！」

「それは大変《たいへん》だね……。わかった。なんとかしてあげましょう」

英世は、フレキスナー博士の助手として、ヘビの毒《どく》について研究《けんきゅう》をすることになりました。

まもなく、フレキスナー博士から、「しばらく留守《るす》にするから、その間に、ほかの先生といっしょに研究《けんきゅう》をまとめておいてください」と仕事を頼《たの》まれました。

英世《ひでよ》は必死《ひっし》で勉強すると、分厚《ぶあつ》い研究《けんきゅう》ノートをまとめあげ、帰ってきた博士《はかせ》をおどろかせました。

フレキスナー博士は、研究を発表する場所で、英世を一人前の学者としてみんなに紹介《しょうかい》してくれました。

（日本では、くやしい思いをした。アメリカでは学校を出たかにかかわらず、ちゃんと才能《さいのう》を評価《ひょうか》してもらえるんだ。やはり、来てよかった）

英世の胸《むね》は、希望《きぼう》とよろこびであふれていました。

フレキスナー博士は、ニューヨークに新しくできたロックフェラー医学研究所《けんきゅうじょ》に、英世を誘《さそ》ってくれました。

四．世界の野口《のぐち》に

二十八歳《さい》のとき、英世《ひでよ》は「梅毒《ばいどく》」という病気について研究《けんきゅう》を始めることになりました。

そのころは、梅毒の原因菌《げんいんきん》が、発見されたばかりでした。

「世界中の研究者が取り組んでいるんだ。わたしも負けてはいられない」

英世は、寝《ね》る間も惜《お》しんで研究を続《つづ》けました。

研究に熱中《ねっちゅう》するあまり、服に大きな穴《あな》があいていることにも気づかないほどでした。明け方近くまで本を読んだり、アパートに顕微鏡《けんびきょう》を持ちこんで研究したりで、「ノグチはいったい、いつ寝ているのだろう」と、まわりの人たちはおどろきました。

（わたしには、もっともっと、やりたい研究があるんだ！）

そんなある日、日本からの手紙が届《とど》きました。

差出人《さしだしにん》は「野口《のぐち》シカ」。

（おっかあから？　学校にも行っていないし、字もろくに書けないはずなのに、いったいどうしたんだろう）

手紙を読み進める英世《ひでよ》の目から、涙《なみだ》がとめどなくあふれました。

〈おまえのしゅっせ（出世）には、みなたまげました（おどろきました）。わたくしもよろこんでおります〉で始まる手紙は、文字も文章も、たどたどしいものでした。それでも、一生懸命《いっしょうけんめい》に書いた文からは、英世を思うシカの気持ちが痛《いた》いほど伝《つた》わってきます。

〈はやくきてくたされ。はやくきてくたされ。はやくきてくたされ。いっしょうのたのみであります……〉

不自由《ふじゆう》な左手をからかわれて泣《な》く英世を、勉強の道に進めと、強くはげまし続《つづ》けてくれた母。

　貧《まず》しい暮《く》らしのなかで必死《ひっし》に働《はたら》きながら、自分を育ててくれた母。

　その母が、英世《ひでよ》にひと目会いたいと、願《ねが》っているのです。

「ああ……、おっかあ……、おっかあ……」

　英世は手紙をにぎりしめ、遠い日本に住むシカに向かって、祈《いの》るように頭を下げました。

「おっかあ、おらも会いたいよ。だが、もう少しだけ……。もう少しだけ待っていてくれ……！」

　そのころ、英世は、レストランで給仕《きゅうじ》をして

母シカから英世《ひでよ》に送られた手紙。　画像提供：公益財団法人野口英世記念会

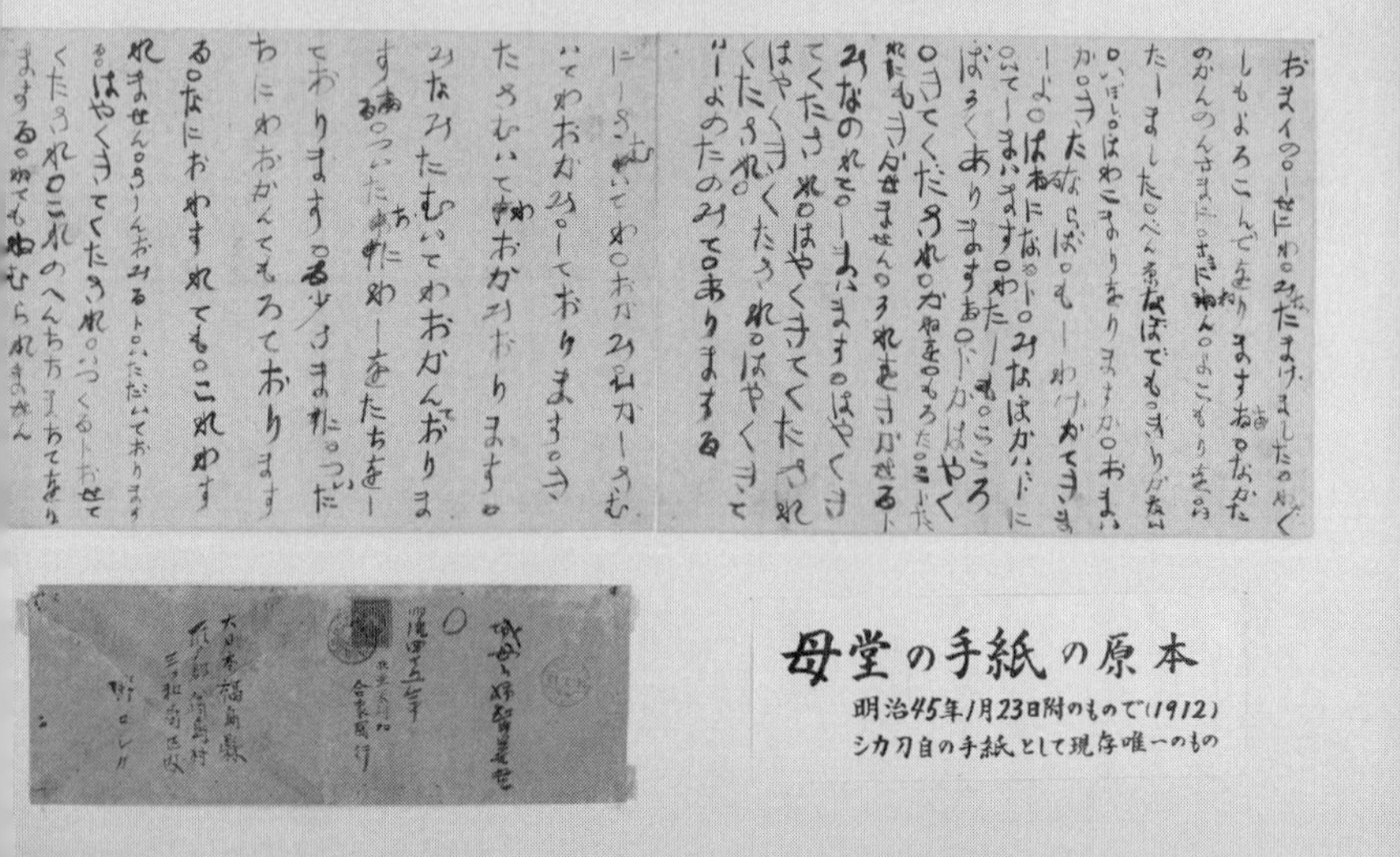
母堂の手紙の原本
明治45年1月23日附のもので（1912）
シカ刀自の手紙として現存唯一のもの

いたメリーというアメリカ人女性《じょせい》と出会い、結婚《けっこん》しました。

メリーは、英世《ひでよ》が、せっかく用意した食事もそっちのけで顕微鏡《けんびきょう》をのぞいていても、むしろはげましてくれるような優《やさ》しい女性でした。

ふたりはとても仲《なか》が良《よ》く、「メージー」「ヒディ」と、たがいをニックネームで呼《よ》び合いました。

ある日、いつものように、夜中まで顕微鏡をのぞいていた英世は、先に寝《ね》ていたメリーを起こして叫《さけ》びました。

「メージー！ ついにやったぞ！」

「まあ、ヒディ、いったい何ごと？」

「見つかったんだよ！ 梅毒《ばいどく》の患者《かんじゃ》の脳《のう》から、菌《きん》が見つかったんだ！」

梅毒にかかった人は、精神《せいしん》がおかしくなることがありました。英世の発見は、菌が脳で悪い影響《えいきょう》をおよぼしている証拠《しょうこ》となりました。

英世《ひでよ》はそれだけでなく、梅毒《ばいどく》にかかったかどうかを検査《けんさ》する方法も考えつきました。

「ドクター・ノグチ」の名前は一気に広まり、世界中の学者や医師《いし》からぜひ話を聞きたいと、手紙が届《とど》くようになりました。

三十六歳《さい》になっていた英世は、ヨーロッパ各地《かくち》に招《まね》かれ、研究《けんきゅう》についての話をしました。

会場には、医者や学者たちが大勢《おおぜい》詰《つ》めかけ、話のあとは拍手《はくしゅ》が鳴りやまないほどでした。

「ドクター・ノグチ、あなたの研究は本当にすばらしい！」

オーストリアに行ったときは、当時世界で最《もっと》も有名な学者だったミュラー博士《はかせ》が、わざわざ英世に会いに来ました。

その夜の夕食会では、英世は、ミュラー博士、そしてドイツの皇太子《こうたいし》と同じテーブルに着いたのです。

かつてフレキスナー博士《はかせ》が来たとき、ひとりだけ別《べつ》の部屋で食事をとらされた英世《ひでよ》にとって、夢《ゆめ》のような晴《は》れ舞台《ぶたい》でした。

活躍《かつやく》ぶりは日本にも伝《つた》わり、日本の学界の最高《さいこう》の賞《しょう》である、帝国学士《ていこくがくし》院賞恩賜賞《いんしょうおんししょう》がおくられました。

さらに、ノーベル賞の候補《こうほ》にもあがりましたが、そのころ、第一次世《だいいちじせ》界大戦《かいたいせん》がおきたため、残念《ざんねん》ながら、ノーベル賞の授賞《じゅしょう》そのものが中止になってしまいました。

福島県《ふくしまけん》

五．日本に帰る

三十八歳《さい》のとき、英世《ひでよ》は、ついに日本に帰ることになりました。英世にはあいかわらずお金がなかったため、友人がお金を出して、旅《りょ》費《ひ》を工面《くめん》してくれました。

日本が近づくにつれ、英世の心に不安が芽生《めば》えます。

(日本では、友人たちや先生たちに、さんざん迷惑《めいわく》をかけた。こんなわたしを、みんなは快《こころよ》く迎《むか》えてくれるのだろうか……)

いよいよ港が近づいたとき、英世は目を疑《うたが》いました。

「ばんざぁい！　ばんざぁい！」

港は、友人・知人や新聞記者で埋《う》めつくされています。世界的《せかいてき》な学者となった英世を、出迎えようと集まった人たちでした。

そのなかには、大恩人《だいおんじん》の血脇《ちわき》先生、そして、小林《こばやし》先生までいます。

「血脇先生！　小林先生！」

「野口《のぐち》、よくがんばったな！　わたしたちの目に狂《くる》いはなかったよ」

「そうとも、君は、わたしたち日本人の誇《ほこ》りだ！」

英世《ひでよ》は涙《なみだ》ながらに、血脇先生、そして小林先生と手を取り合いました。

数日後、いよいよ汽車に乗って、猪苗代《いなわしろ》の母のもとへと旅立ちました。

「ばんざぁい！　ばんざぁい！」

ここでも、村の人たちが歓迎《かんげい》のゲートをつくって出迎《でむか》えてくれました。

「こんなに歓迎してくれるとは……、帰ってきてよかった」

英世は、村の人たちに「これまでお世話になりました」とお礼のあいさつをしてまわりながら、家に向かいました。これは、母のシカが小林《こばやし》先生にお願《ねが》いして、あらかじめ東京《とうきょう》で英世《ひでよ》に伝《つた》えられていた母からの言いつけでした。

最後《さいご》に着いた家の前では、そのシカが立って待っていました。

「おっかあ！」

「清作《せいさく》！」

英世《ひでよ》は、年老《としお》いた母のやせた体を、しっかりと抱《だ》きしめました。

アメリカに渡《わた》って十五年ぶりに、やっと会えた母でした。

日本にいる間、英世は、シカを京都《きょうと》や神戸《こうべ》などの関西《かんさい》旅行に連《つ》れていきました。

えらい医者や学者、美しい女性《じょせい》たちに囲《かこ》まれた華《はな》やかな食事会でも、英世《ひでよ》は、シカのために魚をほぐし、口に運んでやりました。母を優《やさ》しくいたわる姿《すがた》に、周囲《しゅうい》にいた人たちも、思わず感動の涙《なみだ》を流すほどでした。

（この先、もう日本には、帰ってこられないかもしれない。これが、おっ

前列左から渡部鼎《わたなべかなえ》先生、英世《ひでよ》、血脇守之助《ちわきもりのすけ》先生、小林栄《こばやしさかえ》先生。1915年、英世が再《ふたた》びアメリカに渡《わた》るときの写真。　画像提供：公益財団法人野口英世記念会

かあとの、最後《さいご》のときかもしれないんだ……！）

英世《ひでよ》の、せめてもの親孝行《おやこうこう》でした。

英世は、恩賜賞《おんししょう》でもらった賞金の使い道を小林《こばやし》先生と相談《そうだん》し、これまで友人たちに借《か》りていたお金を返すことにあてました。

六．ガーナに死す

アメリカに戻《もど》った英世《ひでよ》に、新しい研究《けんきゅう》テーマができました。

当時、南《みなみ》アメリカのエクアドルなどで流行していた、黄熱病《おうねつびょう》です。急に高い熱《ねつ》が出て、ひどくなると体の色が黄色くなって死んでしまうことから、黄熱病と呼《よ》ばれ、おそれられていました。

英世はさっそくエクアドルに向かうと、出迎《でむか》えた人たちに真っ先にこう言いました。

「ブエノス、タルデス（こんにちは）！」

「おお、ドクター・ノグチは、わたしたちの国の言葉、スペイン語であいさつしてくれたぞ！」

英世は、たちまち、現地《げんち》の人たちの心をつかんでしまいました。

研究《けんきゅう》を始めるとすぐに、「黄熱病《おうねつびょう》」の原因菌《げんいんきん》を発見したと発表します。英世《ひでよ》が原因菌を発見したことは、大ニュースとなりました。

実は、あとでわかったことですが、黄熱病は、細菌《さいきん》よりも小さいウイルスでおこる病気でした。英世の時代の顕微鏡《けんびきょう》では、ウイルスを見ることができなかったため、英世は、ウイルスではない別《べつ》の病気の細菌を、黄熱病の原因菌だと考えてしまったのです。

英世はさっそく、病原菌をもとに、ワクチンをつくりました。ワクチンを注射《ちゅうしゃ》すれば、病気にかかりにくくなるのです。

英世がつくったワクチンを兵士《へいし》たちに注射してみると、多くの兵士が病気から回復《かいふく》したり、病気にかからなくなりました。

「ドクター・ノグチ、あなたのおかげでわが国は救《すく》われました！」

英世は、エクアドルの政府《せいふ》からたたえられました。

充実《じゅうじつ》した気持ちでアメリカに帰った英世《ひでよ》を、悲しい知らせが待っていました。

母のシカが、流行していたスペイン風邪《かぜ》がもとで亡《な》くなったのです。

「おっかあ……。おっかあがいなければ、今の自分はなかった……。最《さい》後《ご》にいっしょにいてやれなかったことを、どうか、許《ゆる》してくれ……！」

覚悟《かくご》はしていたものの、愛《あい》するシカとの別《わか》れに、英世は声をあげて泣《な》き続《つづ》けました。

五十歳《さい》になったころ、英世は気になる話を耳にしました。

アフリカで流行《はや》っている黄熱病《おうねつびょう》には、英世のつくったワクチンが効《き》かないというのです。

（わたしがまちがっていたというのか？　そんなはずはない！　研究者《けんきゅうしゃ》としての責任《せきにん》をかけて、確《たし》かめなくては！）

英世《ひでよ》は、アフリカに行く決意をしました。

「ヒディ、どうかやめて。もう若《わか》くないのだし、暑いアフリカに行くなんて無茶《むちゃ》だわ」

「いいや、ワクチンも打っているから平気だよ」

メリーからは反対されましたが、英世は考えを変《か》えようとしませんでした。

英世は、西アフリカのアクラ(現在《げんざい》のガーナの首都)に到着《とうちゃく》しました。

そこでも、現地《げんち》の人に英語で気軽に話しかけ、すぐに打ちとけていきました。研究所《けんきゅうじょ》に入ると、今までと同じように、夜遅《おそ》くまで研究を続《つづ》けました。

ある日、英世はひどい汗《あせ》をかきました。高熱《こうねつ》が出ましたが、症状《しょうじょう》は重くならずに、すぐに良《よ》くなりました。

福島県《ふくしまけん》

「やはり、わたしのワクチンが効《き》いたんだ」

黄熱病《おうねつびょう》から回復《かいふく》したと安心した英世《ひでよ》は、さっさと病院をぬけ出し、研《けん》究所《きゅうじょ》に戻《もど》って研究を続《つづ》けました。

（だいぶ疲《つか》れたな……。菌《きん》の候補《こうほ》も決まったし、続きはアメリカで研究しよう）

そう決心し、ほかの研究者に別《わか》れのあいさつをしに行きました。その日は、ちょうど強い雨が降《ふ》っていました。

アクラに戻《もど》った夜、英世は、急に寒気を感じます。

（雨で体がぬれて、風邪《かぜ》でも引いたかな？）

しかしその症状《しょうじょう》は風邪ではなく、黄熱病《おうねつびょう》だったのです。

いったん回復したように見えたものの、体の具合は急激《きゅうげき》に悪くなっていきました。

「わたしには、わからない……」

英世《ひでよ》はそう言い残《のこ》し、五十一歳《さい》の生涯《しょうがい》を閉《と》じたのです。

英世が亡《な》くなったニュースは世界中に伝《つた》えられました。亡《なき》がらは、メリーのいるアメリカまで送られ、ニューヨークの墓地《ぼち》に葬《ほうむ》られました。

どんな困難《こんなん》にもめげない強い意志《いし》を持ち、並《なみ》はずれた努力《どりょく》で、伝染病《でんせんびょう》研究《けんきゅう》に命をささげた英世。

英世をたたえるために、日本をはじめ、アメリカ、エクアドル、ガーナなど、世界各地《かくち》に、英世の胸像《きょうぞう》が立てられました。

英世の最期《さいご》の地、ガーナの首都アクラでは、英世が研究していた部屋がそのまま残され、日本の援助《えんじょ》で建《た》てられた野口記念医学研究所《のぐちきねんいがくけんきゅうじょ》では、現在《げんざい》も、伝染病の研究が続《つづ》けられているのです。

【協力】 公益財団法人野口英世記念会

【参考文献】

・浜野卓也『おもしろくてやくにたつ　子どもの伝記1　野口英世』（ポプラ社、一九九八年）
・馬場正男『伝記文庫　野口英世』（ポプラ社、一九九九年）
・安田常雄 監修、西本鶏介 文、たごもりのりこ 絵『野口英世　世界にはばたいた細菌学者』（ミネルヴァ書房、二〇一二年）

岩手県《いわてけん》

洋服のサムライ　新渡戸稲造《にとべいなぞう》

岩崎《いわさき》 まさえ

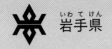

昭和《しょうわ》八年（一九三三年）、十一月十六日。

「やっと、わたしたちの国に帰ってきましたよ」

ゆっくり近づいてくる横浜《よこはま》の街《まち》を、船の窓《まど》から見つめながら、わたしは稲造《いなぞう》に語りかけました。稲造は八月に、カナダで開かれた太平洋問《たいへいようもん》題調査会《だいちょうさかい》に出席《しゅっせき》後、体調をくずし入院した病院で、亡《な》くなりました。七十一歳《さい》でした。今、わたしが語りかけた稲造は、わたしの腕《うで》の中で、小さな遺灰《いはい》となっていました。

わたしの名前はメリー・パターソン・エルキントン・ニトベ。日本名を新渡戸万里《にとべまり》といいます。平和のために世界をかけめぐった夫、新渡戸稲造の話をいたしましょう。

一・太平洋《たいへいよう》の橋になりたい

わたしが稲造《いなぞう》を知ったのは、アメリカのフィラデルフィアでおこなわれた講演会《こうえんかい》です。

黒い髪《かみ》を七三《しちさん》に分け、丸いメガネをかけた東洋の青年が演台《えんだい》に立ちました。鼻の下にひげを生《は》やしていますが、集まった背《せ》が高いアメリカの人々の中で、一生懸命《いっしょうけんめい》背のびをしているように見えました。

けれど、彼《かれ》の流ちょうな英語で語られる日本の話に、わたしはひきこまれていました。それが留学生《りゅうがくせい》の稲造でした。

「あの方のお話を、もっとおうかがいできないでしょうか」

わたしは、日本人留学生を自宅《じたく》に招《まね》いて、お食事会などをおこなっているモリス夫人に相談《そうだん》しました。

岩手県《いわてけん》

「稲造《いなぞう》はとても良《よ》い青年よ。こんどの日曜日、うちのティーパーティーに来る予定だから、そのときあなたに紹介《しょうかい》しましょう」

モリス夫人は快《こころよ》く、わたしの願《ねが》いをかなえてくれました。

モリス家で会った稲造は、背筋《せすじ》をきちんとのばし、まっすぐにわたしの目を見つめながら、わたしの質問《しつもん》にていねいに答えてくれました。わたしも稲造もキリスト教クエーカー信徒《しんと》※1だったことが、会話をはずませてくれたのだと思います。

稲造は留学《りゅうがく》するくらいですから、日本でもお金持ちの息子《むすこ》だろうと思っていました。ところが、おじさんやお兄さんにお金の工面《くめん》をしてもらい、やっとアメリカの大学に入学した苦学生でした。アルバイトをしながら大学にかよっていたのです。わたしが稲造を知った講演会《こうえんかい》も、講《こう》演料《えんりょう》をもらえるという理由で、引き受けていたようです。

「ぼくは武士《ぶし》の子だったのです」

自分のことを稲造《いなぞう》は、そう言いました。

「武士？」

「はい、頭にちょんまげを結《ゆ》って、腰《こし》に刀を差《さ》しているサムライです」

わたしはクスッと笑《わら》ってしまいました。ちょんまげがどういうものか、知らなかったのですが、とてもおもしろい響《ひび》きがあったので、つい。

「でも、ぼくが六歳《さい》のとき、ちょんまげの時代は終わりました」

「どうして？」

「アメリカから黒船《くろふね》がやってきたからです」

日本人は、ちょんまげを結っていたころ、外国へ行き来することができませんでした。日本は長らく世界にとびらを閉《と》ざし、中国《ちゅうごく》やオランダなど限《かぎ》られた国とだけ交流していたのです。そのとびらを破《やぶ》るきっかけをつくったのが、アメリカの黒船《くろふね》だったのだそうです。

稲造《いなぞう》は文久《ぶんきゅう》二年（一八六二年）九月一日に、盛岡藩《もりおかはん》のお城《しろ》がある町（現在《げんざい》の岩手県盛岡市《いわてけんもりおかし》）に生まれました。黒船が日本にやってきてから九年後のことです。日本がちょんまげの時代から、新しい時代に向かって、大きく変《か》わろうとしているときでした。

「ぼくが生まれた盛岡は、将軍《しょうぐん》が住む江戸《えど》や黒船が現《あらわ》れた浦賀《うらが》から、遠く離《はな》れていたので、まだまだ穏《おだ》やかな暮《く》らしが続《つづ》いていましたよ」

盛岡藩士だった祖父《そふ》傳《つとう》は息子《むすこ》の十次郎《じゅうじろう》（稲造の父）とともに、三本木《さんぼんぎ》原《はら》（現在《げんざい》の青森県十和田市《あおもりけんとわだし》周辺《しゅうへん》に広がる火山灰《かざんばい》におおわれた台地）の開《かい》拓《たく》に取り組んでいました。その土地で、ようやく稲《いね》が実るようになったとき、稲造《いなぞう》は生まれたのです。

「だからぼくの名前には、稲の字が入っています。幼《おさな》いころは『稲之助《いなのすけ》』。今は『稲造』です」

「すてきなお名前ね」

家族が仕事に誇《ほこ》りを持っていること。その家族から愛《あい》され大切に育てられたことが、その名前から想像《そうぞう》できました。

稲造はふたりの兄、五人の姉がいる兄弟の末《すえ》っ子《こ》でした。しかし、稲造が五歳《さい》のとき、父親が病気で亡《な》くなり、翌《よく》年、明治《めいじ》という新しい時代がやってきたのです。

じつは、明治を迎《むか》えるためには、日本の国の中で、戦《たたか》いがおこりました。天皇《てんのう》を中心とした国にする考えと、今までの将軍《しょうぐん》を中心にする考えがぶつかり合いました。

盛岡藩《もりおかはん》は将軍《しょうぐん》を中心とする側《がわ》に立ち、敗《やぶ》れました。みんな、くやしい思いのなかで、新しい時代を迎《むか》えたのです。

子どもをしっかり育てようと思っていた母せきのもとに、十次郎《じゅうじろう》の弟太田時敏《おおたときとし》から手紙が来ました。このおじは明治《めいじ》になってすぐ、東京《とうきょう》に出て商売を始めていました。

『義姉《ねえ》さん、これからの時代を生きる若《わか》い者には、学問が必要《ひつよう》です。息子《むすこ》たちを東京の学校で学ばせてはどうでしょうか。わたしが手伝《てつだ》います』

祖父《そふ》の傳《つとう》も、おじに賛成《さんせい》しました。祖父は早く父を失《うしな》った稲造《いなぞう》のことを、正しくみちびけば、えらい者になるだろうが、まちがえるととんでもない大悪人になると、心配していたのです。稲造は、いつまでもいるお客に「早く帰れ」と、平気で言うような、こましゃくれたわんぱく坊《ぼう》主《ず》だったからです。

母は、九歳《さい》の稲造《いなぞう》とすぐ上の兄道郎《みちろう》を、東京《とうきょう》へ送り出しました。家を出るふたりに、母はこう言いました。

「おまえたちがしっかり勉強し、えらくなるまで、わたしはおまえたちに会いませんよ」

わたしはおどろいて、目を丸くしました。

「ふたりとも、まだ少年じゃありませんか」

稲造は優《やさ》しくほほえみました。

「母も、つらかったのです。口では厳《きび》しいことを言いましたが、ぼくたちの姿《すがた》が見えなくなると、家の奥《おく》に隠《かく》れて泣《な》いていたと、姉たちから聞きました」

優《やさ》しくも、凛《りん》としたお母さまの姿《すがた》が、わたしの心に浮《う》かびました。

東京《とうきょう》に出てきた稲造《いなぞう》は、子どものいないおじ時敏《ときとし》の養子《ようし》になり、太田《おおた》稲造《いなぞう》として、兄とともに学校にかよいました。でも、兄は体をこわし、思うように勉強ができず、盛岡《もりおか》に帰りました。

残《のこ》った稲造は十三歳《さい》になると、東京英語学校《とうきょうえいごがっこう》に入学しました。

「ぼくは盛岡藩《もりおかはん》のために、勉強して役人になろうと思っていたのです。でも、ここで学んでいるうちに、もっと、自分に向いている道があるのではないのかと、考えるようになりました」

自分の進む道に悩《なや》み始めたころ、思いがけない出来事がありました。

明治天皇《めいじてんのう》が北海道《ほっかいどう》、東北地方《とうほくちほう》をまわる途中《とちゅう》で、三本木原《さんぼんぎはら》の新渡戸家《にとべけ》に立ち寄《よ》られたのです。天皇は「今後も、先祖《せんぞ》の志《こころざし》を継《つ》ぎ、ますます農業の発展《はってん》にはげむように」と、一家にはげましのお金をくださいました。

このことを知った稲造《いなぞう》は、もう盛岡藩《もりおかはん》にこだわっている時代ではない。自分も日本の農業の発展のために、農学を志《こころざ》そうと決めました。


稲造は十五歳《さい》のとき、一年前にできた札幌農学校《さっぽろのうがっこう》に入学しました。教頭のクラーク博士《はかせ》は、キリスト教の教えを大切にし、〝厳《きび》しい規則《きそく》はいらない。おのれの良心に従《したが》って行動する紳士《しんし》であれ〟という考えでした。

稲造が入学したのは、クラーク博士がアメリカへ帰ったあとでしたけれど『少年よ、大志《たいし》を抱《いだ》け』と、学生らに呼《よ》びかけた博士の教育精神《せいしん》は、引き継《つ》がれていました。入学した稲造はクラーク博士が残《のこ》した【イエスを信《しん》じる者の誓約《せいやく》】に署名《しょめい》し、翌《よく》年には洗礼《せんれい》も受け、キリスト教信《しん》者《じゃ》になりました。

ところが、キリスト教は学べば学ぶほど、稲造《いなぞう》にはわからないことが多くなってきました。明るかった稲造が、ふさぎこむようになり、友だちからは、

「一度ふるさとに帰って、気分転換《きぶんてんかん》してきた方がいいよ」

と、すすめられるようになりました。

三年生※2を終えた夏休み、稲造は九歳《さい》で盛岡《もりおか》を出てから初《はじ》めてふるさとに帰りました。なつかしい岩手山《いわてさん》や北上川《きたかみがわ》を目にすると、ふさぎこんでいた心に光が差《さ》しました。

「ただいま～」

元気に家の玄関《げんかん》を開けました。でも、よろこんで迎《むか》えてくれると思っていた母は、出てきてくれませんでした。わずか数日前に、息を引き取っていたのです。

「まぁ」

わたしは思わず、口に手をあてました。やっと、お母さまに会えると思ったのに、どんなにつらかったことでしょう。

「だいじょうぶ？」

わたしは思わず、稲造《いなぞう》に声をかけていました。

「あのときは、だいじょうぶじゃなかった」

稲造はさびしそうに肩《かた》を落としました。

母は稲造を心配させまいと、自分の体のことを隠《かく》していたのです。

札幌農学校《さっぽろのうがっこう》を卒業《そつぎょう》した稲造は、東京大学《とうきょうだいがく》に入学するため、面接《めんせつ》を受けました。そのとき「何を学びたいのですか？」と聞かれ、稲造は「経済《けいざい》や政治学《せいじがく》、英文学を学びたい」と答えました。

「英文学を学んで、どうしたいのですか？」

経済《けいざい》や政治学と、英文学は関係《かんけい》ないのではと、面接官《めんせつかん》は思ったようです。

「ぼくは太平洋《たいへいよう》の橋になりたいと思っています」

「ほう、それは、どういうことかな？」

「まだ、日本と外国はおたがい、わかり合っていないと思います。だから、日本の文化を外国に、外国の文化を日本に紹介《しょうかい》するかけ橋になりたいのです」

しかし、入学した東京大学《とうきょうだいがく》の授業《じゅぎょう》は、札幌農学校《さっぽろのうがっこう》で外国人教師《きょうし》から英語で学んできた稲造《いなぞう》には、もの足りないものでした。そのうえ、アメリカに留学《りゅうがく》中の友人から本が送られてきたことをきっかけに、日本の学問が世界から遅《おく》れていることを知りました。

「アメリカに行きたい。ぼくもアメリカで学びたい」

稲造《いなぞう》はおじに相談《そうだん》しました。実はこのとき、おじは事業に失敗《しっぱい》し、貧《まず》しい暮《く》らしをしていたのです。それでも、

「こんなことが、あると思っていたよ。よし、行ってこい」

おじは大切に取っておいた公債証書《こうさいしょうしょ》※3を、お金にかえてくれたのです。

「おじがいなかったら、こうやってアメリカに留学《りゅうがく》することはできなかった」

稲造が、遠くを見つめるような目をしました。

「確《たし》か、上のお兄さまからも?」

「はい、手伝《てつだ》ってもらいました」

稲造《いなぞう》は、家族にめぐまれていました。

稲造の生《お》い立《た》ちを聞き終えたとき、わたしはこれからの人生をともに歩んでゆくのは、この人ではないだろうかと思い始めていたのです。

※1　キリスト教宗派《しゅうは》の一つ。教会の制度化《せいどか》、儀式化《ぎしきか》にとらわれず、絶対的平和主義《ぜったいてきへいわしゅぎ》を持つ。

※2　当時の高校や大学は、夏休み後に新学年が始まった。

※3　明治《めいじ》九年（一八七六年）の秩禄処分《ちつろくしょぶん》で、士族《しぞく》（もともと武士《ぶし》だった人々）などの給与《きゅうよ》（家禄《かろく》）を廃止《はいし》するかわりに、国から与《あた》えられた期限《きげん》つきの証書《しょうしょ》。現金《げんきん》にかえることができた。

二・日本人の心

明治《めいじ》二十年（一八八七年）四月、稲造《いなぞう》のもとに、札幌農学校《さっぽろのうがっこう》の教授《きょうじゅ》になっていた友人から、手紙が届《とど》きました。友人は、アメリカにいる稲造を農学校の助教授《じょきょうじゅ》にすいせんしてくれて、研究《けんきゅう》のためにドイツに三年間、留学《りゅうがく》できるようになったから行ってこいと、知らせてきたのです。

「すごい、夢《ゆめ》のようだ！」

稲造は友人にも、めぐまれていました。

ドイツに渡《わた》った稲造は、あこがれていた法律学者《ほうりつがくしゃ》のラヴェレー教授に手紙を書き、自宅《じたく》に招《まね》かれました。そして、ラヴェレー教授からこんなことを聞かれました。

「日本の学校では、宗教教育《しゅうきょう》はどんなふうにしているのかな？」

「宗教の教育などはありません」

「日本人は君のように、とても礼儀《れいぎ》正しい。それは、学校で学ぶのかね？」

「いいえ、学校では特別《とくべつ》に教えません」

ラヴェレー教授《きょうじゅ》は、ふしぎそうな顔をしました。

「なら、日本の子どもたちは、どうやって善悪《ぜんあく》を覚《おぼ》えるのですか？」

稲造《いなぞう》は考えこんでしまいました。

（確《たし》かに西洋では、キリスト教などによって人間教育がなされ、善悪や礼儀を学んでいる。日本には、そのようなものはないけれど、西洋の人々におとらず道徳《どうとく》が身についている。それらはどこで、学んでいたのだろう）

このときから、稲造は日本人の人間（道徳）教育について考えるようになりました。

ドイツの大学では、農学史《のうがくし》、農業経済学《のうぎょうけいざいがく》、統計学《とうけいがく》などを学ぶことができました。

このころ、留学《りゅうがく》を手伝《てつだ》ってくれた一番上の兄が亡《な》くなりました。体の弱かったすぐ上の兄も、すでに亡くなっています。稲造《いなぞう》は家の名を継《つ》がなければならなくなり、おじの太田姓《おおたせい》から新渡戸《にとべ》姓に戻《もど》りました。

稲造のドイツ留学中、わたしたちは手紙のやりとりをしていました。文通を続《つづ》けるうちに、わたしたちはおたがいが人生に必要《ひつよう》な存在《そんざい》であることに気づきました。

ドイツからアメリカに戻ってきた稲造とわたしは結婚《けっこん》しました。しかし、結婚式にわたしの両親は出てくれませんでした。結婚に反対だったたからです。

反対の理由は、稲造《いなぞう》が異国人《いこくじん》であること、日本はとても文明が遅《おく》れている国だと思っていたこと、そして遠い国へ娘《むすめ》を行かせたくなかったことです。稲造の家族も、異国の娘と結婚《けっこん》することには反対でした。

けれど、ふたりが日本に向かう日には、わたしの両親も稲造の家族も、わたしたちを認《みと》めてくれました。稲造の紳士的《しんしてき》な対応《たいおう》が、かたい氷をとかしてくれたのだと思います。

二十九歳《さい》で日本に帰ってきた稲造は、札幌農学校《さっぽろのうがっこう》の教授《きょうじゅ》として、働《はたら》き始《はじ》めました。稲造のユーモアたっぷりの講義《こうぎ》や、自分の経験《けいけん》を交えた話は、学生たちの心をひきつけました。

農学校の教授のほかにも、中学校の校長、女学校の教師《きょうし》など、稲造はかけまわっていました。

ところが翌《よく》年、悲しい出来事がわたしたちにおこりました。ふたりの間に生まれた男の子遠益《とおます》が、生まれてわずか一週間で亡《な》くなったのです。わたしは深い悲しみの中で体調をくずし、アメリカで静養《せいよう》しました。

一番右が札幌農学校教授《さっぽろのうがっこうきょうじゅ》のころの稲造《いなぞう》。
画像提供：盛岡市先人記念館

稲造《いなぞう》はわたしを送り届《とど》け、ひとり日本に帰る船の中で、わたしの父にこのような手紙を書いてよこしました。

『ぼくらの子どもが天に召《め》されてから、ぼくにとって、すべての子どもがうるわしいとか、愛《あい》らしいとかいう以上《いじょう》のものになりました』

このころから稲造《いなぞう》は、貧《まず》しい家の子どもたちが学べる学校をつくりたいと、考えるようになっていました。家の仕事のため、学校にかよえない子どもたちが、たくさんいたからです。

そんなとき、アメリカで静養《せいよう》中だったわたしは、思いがけず、千ドル（現在《げんざい》の二千万円強くらい）という大金を受け取りました。わたしの父が幼《おさな》いころに救《すく》った、みなしごの女性《じょせい》が残《のこ》してくれたものでした。遺言《ゆいごん》によりその一部を、わたしもいただいたのです。

わたしは稲造と相談《そうだん》し、貧しくて勉強ができない人たちのための学校をつくる資金《しきん》にしました。知人からも寄付《きふ》があり、土地つきの古い木造《もくぞう》の家を買い、学校を開校したのです。

授業料《じゅぎょうりょう》はいりません。何歳《さい》でもかまいません。男も女も関係《かんけい》ありません。学びたい人は、いつでも入学できます。それが『遠友夜学校《えんゆうやがっこう》』。夜に授業《じゅぎょう》をおこなう学校でした。

授業料《じゅぎょうりょう》をいただきませんから、ここで働《はたら》く教師《きょうし》も無給《むきゅう》でした。札幌農《さっぽろのう》学校《がっこう》の教授《きょうじゅ》や学生たちが、教師となって協力《きょうりょく》してくれました。

明治《めいじ》三十年（一八九七年）の秋のことです。

「これは、回復《かいふく》までかなり時間がかかりますよ。どこか、仕事を忘《わす》れて、気軽にすごせる地方で、静養《せいよう》するのがいいでしょう」

医師《いし》から、三十五歳《さい》の稲造《いなぞう》はそう言われました。

日本に帰ってきてから、教育者としてずっと走り続《つづ》けてきた稲造は、無理《むり》が重なって、とうとう重い神経症《しんけいしょう》になってしまったのです。やることがまだまだたくさんあるのに、体がそれを許《ゆる》してくれません。わたしたちは思いきって日本を離《はな》れ、気候《きこう》が穏《おだ》やかですごしやすいアメリカのカリフォルニア州モントレーで、休むことにしました。

わたしたちはひさしぶりにゆったりとした日々をすごしました。

そんなある日、わたしは稲造《いなぞう》にこんなことを聞きました。

「ねえ、日本の人はどうして贈《おく》りものをするとき、『つまらないものですが』って言うの？　ちっとも、つまらないものじゃないのに」

「ああ、それはね。すばらしいあなたへ贈るには、ささやかなものですまないが、あなたへの感謝《かんしゃ》の気持ちとして、贈りますよ。ということなんだよ」

「それは、品物よりも、心を贈りますってことかしら」

「そう、日本の人は、心を大切にするんだ。そうだ、これかもしれない」

稲造《いなぞう》の顔が、パッと輝《かがや》きました。

「『日本には宗教《しゅうきょう》教育がなくて、どこで善悪《ぜんあく》や道徳《どうとく》を学ぶのか？』と、むかしラヴェレー教授《きょうじゅ》に聞かれて答えられなかった。今、メリーに言われて、気がついた。日本人の心には、暮《く》らしの中で長い間、つちかわれてきた生き方というものがあるんだよ」

稲造はそれを日本の武士《ぶし》の生き方として紹介《しょうかい》しながら、日本人の心を英語で書き始めました。

「なぜ、英語で書くの？」

わたしもこのころには、日本語を書く稲造を、見慣《みな》れていたのです。

「これはね、西洋の人々に、日本人の心を紹介するために書いているんだよ。日本人に日本人の心を紹介して、どうするの？」

「あら、ほんとね」

『武士道《ぶしどう》』の初版本《しょはんぼん》。　画像提供：盛岡市先人記念館

ふたりで大笑《おおわら》いしました。体もだいぶ良《よ》くなっていました。

この本は『BUSHIDO《ぶしどう》（武士道）』というタイトルで、アメリカで出版《しゅっぱん》され、たちまち大評判《だいひょうばん》になりました。その後、ドイツやフランス、ロシア、中国《ちゅうごく》など、約《やく》二十か国で訳《やく》され出版されました。

日本に帰ると、稲造《いなぞう》を政府《せいふ》の役人後藤新平《ごとうしんぺい》が待っていました。後藤は日本の植民地《しょくみんち》だった台湾《たいわん》に、農業の発展《はってん》が必要《ひつよう》だと考え、農業の専門家《せんもんか》を探《さが》していたのです。その目にとまったのが、稲造でした。

「台湾総督府《たいわんそうとくふ》!?　そんなところで働《はたら》くなんて、ぼくなんか無理《むり》ですよ」

稲造《いなぞう》は断《ことわ》ったのですが、後藤《ごとう》は引き下がりません。札幌《さっぽろ》に戻《もど》るはずだった稲造は、台湾で仕事をすることになりました。

稲造は台湾の土地が、サトウキビに向いていることをつき止め、砂糖《さとう》の生産量を大幅《おおはば》に増《ふ》やしました。

(新渡戸《にとべ》をこのまま、台湾にとどめておいてはもったいない)

そう考えた後藤のすいせんで、稲造は京都帝国大学教授《きょうとていこくだいがくきょうじゅ》となりました。

三. 世界のかけ橋となる

「六千億《おく》円を使った大芝居《おおしばい》のあとを、見てみようじゃないか」

大正《たいしょう》八年（一九一九年）、後藤《ごとう》が稲造《いなぞう》を誘《さそ》いました。〝六千億円を使った大芝居〟とは第一次世界大戦《だいいちじせかいたいせん》のことです。アメリカや大戦が終わったヨーロッパの視察《しさつ》に、稲造も同行することになりました。

一行が、フランスのパリに着いたときです。

「ああ新渡戸《にとべ》さん、いいところに来てくれた。国際連盟《こくさいれんめい》※4の事務次長《じむじちょう》になってください」

パリで開かれた第一次世界大戦の講和会議《こうわかいぎ》に出ていた日本の代表団《だいひょうだん》から、稲造はとつぜん言われました。

国際連盟は第一次世界大戦後、世界の国々の平和を目的《もくてき》としてつくられた組織《そしき》です。常任理事国《じょうにんりじこく》として日本からも、事務次長《じむじちょう》を一名出すことになっていました。

「とんでもない。そんな大役《たいやく》、つとまるはずないですよ」

稲造《いなぞう》はあわてて断《ことわ》りました。ところが、いっしょにいた後藤《ごとう》まで、説《せっ》得《とく》を始めるではありませんか。

「わしからも頼《たの》む。な、どうか日本のために引き受けてくれ」

語学にすぐれ、ものごとに対し的確《てきかく》な判断力《はんだんりょく》を持ち、人からの信頼《しんらい》もあって、外国の人々とともに仕事ができる人物。それにあてはまるのは新渡戸稲造《にとべいなぞう》でした。

稲造は日本に戻《もど》らず、この大役を引き受けることになりました。五十八歳《さい》でした。

生まれたばかりの国際連盟《こくさいれんめい》は、世界にまだ理解《りかい》されていませんでし

新渡戸稲造《にとべいなぞう》の肖像写真《しょうぞうしゃしん》。
画像提供：盛岡市先人記念館

た。稲造《いなぞう》は世界の秩序《ちつじょ》と平和のため、この組織《そしき》が広まるよう、ヨーロッパ各地《かくち》で講演《こうえん》しました。

そんなとき、バルト海に浮《う》かぶオーランド諸島《しょとう》の領有権《りょうゆうけん》問題が、連盟《れんめい》に持ちこまれました。諸島はスウェーデンとフィンランド、どちらの領土《りょうど》かという争《あらそ》いです。

稲造はこう提案《ていあん》し、問題を解決《かいけつ》しました。

「オーランド諸島はフィンランド領になる。しかし、自治権《じちけん》は諸島に与《あた》え、今までのようにスウェーデン語を使用し、島の文化や風習を守り、武器《ぶき》を持たない平和な地帯《ちたい》とする※5」

島民たちの平和な暮《く》らしを一番に考えたものでした。

国際連盟《こくさいれんめい》をやめたとき、稲造《いなぞう》は六十四歳《さい》になっていました。ようやく日本に帰ることができましたが、いろいろな組織《そしき》に求《もと》められ、その後もいそがしい日々をすごしていました。

そんなある晩《ばん》のことです。

家にピストルを持った強盗《ごうとう》が入りました。

本当にびっくりしました。強盗はいきなり、わたしにピストルを向けたのです。こわくて、ちぢみあがりました。

「金を出せ！」

強盗は、稲造に向かってするどく叫《さけ》びました。

「いくらほしいんだ？」

稲造《いなぞう》の声は落ち着いていていました。

「千円（今の四百万円くらい）だ」

稲造は首を横にふりました。

「無理《むり》だよ。そんな現金《げんきん》、うちにはないよ」

「なら、五百円」

「ずいぶんまけてくれたなぁ。だが銀行じゃないから、そんな金もない」

「つべこべ言うな。今ある金をさっさと出せ！」

「ちょ、ちょっと待ってて」

わたしはふるえる手で、自分の財布《さいふ》からお金を出しました。

強盗《ごうとう》はそれを乱暴《らんぼう》にひったくり、出ていこうとしました。すると、

「気をつけてお帰りなさい」

稲造は、そう声をかけていました。

『なんぴとに対しても悪意を抱《いだ》かず、すべての人に慈愛《じあい》を持て』というアメリカ第十六代大統領《だいとうりょう》リンカーンの言葉を、稲造《いなぞう》は大切にしていました。このときも、心の中にこの言葉があったのでしょう。

このころ、わたしは不安な黒い雲が、日本をおおい始めていることを、感じていました。もちろん稲造も。

日本は軍部《ぐんぶ》の力が強くなっていました。中国《ちゅうごく》の領土《りょうど》を手に入れようと、満州《まんしゅう》（中国の東北部）で日本軍は爆破《ばくは》事件《じけん》をおこしました。さらに、軍と意見が合わない首相《しゅしょう》を暗殺《あんさつ》してしまった[※6]のです。国際連盟《こくさいれんめい》からも脱退《だったい》してしまいました。

「いけない。このままでは、世界から日本が孤立《こりつ》してしまう」

ほかの国々と手を取り合うことができなければ、戦争《せんそう》をさけることが難《むずか》しくなります。

稲造《いなぞう》はすぐれない体調をおして、太平洋問題調査会《たいへいようもんだいちょうさかい》が開かれるカナダに向かいました。なんとか、平和への望《のぞ》みをつなぎとめようとして……。

「ぼくの頭の上には、自分をみちびく尊《とうと》い手があるように感じるんだよ」

あるとき、稲造がそんなことを言いました。次々と求《もと》められる仕事に、わたしもそう感じていました。そして、それは神の手なのではないかとも。

教育者、文筆家、台湾総督府《たいわんそうとくふ》、国際連盟《こくさいれんめい》、太平洋問題調査会……。

「自分には、じゅうぶんな能力《のうりょく》があるとはとても思えない」

稲造はそうつぶやきながら、みちびかれるように与《あた》えられた仕事に、いつも全力で取り組んでいました。カナダの会議が終わったとき、「ありがとう。ゆっくりおやすみ」と、神はその手を放してくださったのかもしれません。

稲造《いなぞう》は、遺言《ゆいごん》を何も書いていませんでした。残《のこ》されたメモに、わたしのことだけが記されていました。

外国人の年老《としお》いた妻《つま》をただひとり、あとに残していきます。よろしく頼《たの》む

港の桟橋《さんばし》が見えてきました。雨あがりの桟橋にたくさんの人たちが、稲造を迎《むか》えに来てくれています。

わたしは腕《うで》の中の稲造に、また語りかけました。

「わたしはこれからも、この国で生きていきます。ここには、稲造《いなぞう》を愛《あい》してくれた人々がたくさんいます。わたしたちの息子《むすこ》遠益《とおます》も、この国に眠《ねむ》っています。何があっても、決して離《はな》れません。そう、ここは、わたしの祖国《そこく》ですもの」

……………………………………

稲造が亡《な》くなって五年後の昭和《しょうわ》十三年（一九三八年）九月二十三日、メリーは「わたしの祖国」と語った日本を、一度も離れることなく、軽《かる》井沢《いざわ》で静《しず》かに息を引き取りました。八十一歳《さい》でした。

今、東京《とうきょう》の多磨霊園《たまれいえん》に稲造、遠益とともに眠っています。

銀婚式《ぎんこんしき》を迎《むか》えた稲造《いなぞう》とメ
夫人《ふじん》。
画像提供：盛岡市先人記

※4　国際《こくさい》平和が続《つづ》くことを目的《もくてき》とした国際組織《そしき》。第二次世界大戦《だいにじせかいたいせん》後活動を終了《しゅうりょう》するが、その理《り》念《ねん》は現在《げんざい》の国際連合《こくさいれんごう》に引き継《つ》がれている。

※5　新渡戸《にとべ》裁定《さいてい》と呼《よ》ばれている。国際連盟《こくさいれんめい》が国際問題を解決《かいけつ》した成功例《せいこうれい》として、今も語り継がれている。

※6　内閣総理大臣《ないかくそうりだいじん》の犬養毅《いぬかいつよし》が暗殺《あんさつ》された五《ご》・一五事件《いちごじけん》。

【協力】盛岡市先人記念館

【参考文献】

・新渡戸稲造『幼き日の思い出／人生読本』（日本図書センター、一九九七年）
・柴崎由紀『新渡戸稲造ものがたり』（銀の鈴社、二〇一二年）
・加藤武子、寺田正義『マイグランパ新渡戸稲造』（朝日出版社、二〇一四年）
・湊晶子『新渡戸稲造と妻メリー』（キリスト新聞社、二〇〇四年）
・熊田忠雄『サムライ留学生の恋』（集英社インターナショナル、二〇二〇年）
・三島徳三『新渡戸稲造のまなざし』（北海道大学出版会、二〇二〇年）

プロフィール

おおぎやなぎ ちか

みちのく童話会代表。秋田市出身、東京都在住。日本児童文芸家協会・日本児童文学者協会会員・「季節風」「童子」同人。『家守神』シリーズ（フレーベル館）、『俳句ステップ！』（佼成出版社）、『みちのく山のゆなな』(国土社) ほか。

井嶋《いじま》 敦子《あつこ》

新潟市出身、秋田市在住。日本児童文芸家協会・日本児童文学者協会会員・「季節風」同人。『ひまりのすてき時間割』（童心社)、『ゴール！　おねしょにアシスト』（国土社）ほか。

佐々木《ささき》 ひとみ

日立市出身、仙台市在住。日本児童文学者協会理事・日本児童文芸家協会会員。『ぼくとあいつのラストラン』『七夕の月』（ポプラ社)、『ぼくんちの震災日記』『エイ・エイ・オー！ ぼくが足軽だった夏』（新日本出版社）ほか。

田沢《たざわ》 五月《さつき》

岩手県奥州市在住。日本児童文学者協会会員・「ふろむ」「季節風」同人・岩手児童文学の会会員。『ゆびわがくれたプレゼント』（ポプラ社)、『海よ光れ！ 3•11被災者を励ました学校新聞』（国土社）ほか。

堀米《ほりごめ》 薫《かおる》

福島市出身、宮城県角田市在住。日本児童文芸家協会理事。『チョコレートと青い空』『金色のキャベツ』（いずれも、そうえん社)、『あきらめないことにしたの』(新日本出版社)』ほか。

岩崎《いわさき》 まさえ

岩手県奥州市在住。日本児童文芸家協会会員。「なくなった足音」（『だいすきミステリー1』偕成社に収録)、「増え続けたウサギ」（『奇妙におかしい話　わくわく編』光文社文庫に収録）ほか。

ふるやま たく

岩手県出身、仙台市在住。画家。『一本の木がありました。』（パイインターナショナル)、『13枚のピンぼけ写真』（岩波書店)、『あなたの一日が世界を変える』（PHP 研究所）ほか。

東北6つの物語

東北偉人《いじん》物語

編著　みちのく童話会

装画　ふるやま たく

この本では、文章を読みやすくするため、表記などが実際とは異なっている場合があります。

装丁　品川 幸人

2025年2月25日　初版1刷発行

発　行　株式会社 国土社
〒101-0062　東京都千代田区神田駿河台2-5
TEL 03-6272-6125　FAX 03-6272-6126
印　刷　モリモト印刷 株式会社
製　本　株式会社 難波製本

NDC212・289・913　240p　19cm　ISBN978-4-337-04407-4
C8323
Printed in Japan

おまけ／東北地方《とうほくちほう》の偉人《いじん》を学べるスポット

ぼくたちの近くにいる人の中からも偉人《いじん》は生まれるかもしれないよね。

ミッチー（小学４年生）

ミッチーだって、可能性《かのうせい》ありだよ。

ノン（小学5年生）

ええ～？　ムリムリ。

こら。最初《さいしょ》からあきらめちゃ、だめだぞ。ただ、考えてごらん。物語に出てきた人たちがみんな『偉人になろう』と思ったわけじゃない。自分がやりたいことを、一生懸命《いっしょうけんめい》やった結果《けっか》、偉人といわれるほどの人になったんだ。

とんぼ博士《はかせ》

うん。それはわかる！
ぼくも、がんばるぞ！

何をがんばるニャ？

しっぽ（ネコ）

これから、考える！

おまけページ　イラスト：今田貴之進

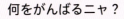

もっと知りたくなったら行ってみよう！

野口英世記念館《のぐちひでよきねんかん》

〒969-3284
福島県《ふくしまけん》耶麻郡《やまぐん》猪苗代町《いなわしろまち》大字《おおあざ》三ツ和《みつわ》字《あざ》前田《まえだ》81
0242-65-2319
https://www.noguchihideyo.or.jp/

野口英世は2004年から20年間、千円札の肖像《しょうぞう》だった人物だよ。

野口英世《のぐちひでよ》の生涯《しょうがい》と業績《ぎょうせき》が、時代ごとにわかりやすく展示《てんじ》されています。館内に保存《ほぞん》されている生家《せいか》では、清作《せいさく》がやけどを負った囲炉裏《いろり》や、東京《とうきょう》へ行くときに柱に刻《きざ》んだ言葉も当時のまま見ることができます。細菌《さいきん》の世界をゲーム感覚《かんかく》で体験《たいけん》できる展示《てんじ》もあります。

画像提供：公益財団法人野口英世記念会

もっと知りたくなったら行ってみよう！

仙台市博物館《せんだいしはくぶつかん》

〒980-0862
宮城《みやぎ》県《けん》仙台《せんだい》市《し》青葉《あおば》区《く》川内《かわうち》26番地

022-225-3074

https://www.city.sendai.jp/museum/

博物館の庭には慶長遣欧使節の支倉常長《はせくらつねなが》や中国の文学者・魯《ろ》迅《じん》の碑《ひ》があるニャ

仙台城《せんだいじょう》の三の丸跡《あと》に建《た》つ博物館では、伊達《だて》政宗《まさむね》が使用したとされる「黒漆五枚胴具《くろうるしごまいどうぐ》足《そく》」など仙台伊達家《せんだいだてけ》から寄贈《きそう》された文化財《ぶんかざい》を中心に、仙台の歴史《れきし》・美術《びじゅつ》・文化に関する資料《しりょう》を収蔵《しゅうぞう》しています。「慶長遣欧使節《けいちょうけんおうしせつ》関係資料《かんけいしりょう》」のうち３点は国宝《こくほう》・ユネスコ「世界の記憶《きおく》」に登録《とうろく》されています。

画像提供：仙台市博物館

もっと知りたくなったら行ってみよう！

土門拳記念館《どもんけんきねんかん》

〒998-0055

山形県《やまがたけん》酒田《さかた》市《し》飯森山《いいもりやま》 2-13（飯森山公園内）

0234-31-0028

http://www.domonken-kinenkan.jp/

日本の写真専門美《せんもんび》術館《じゅつかん》第一号として誕生《たんじょう》したんだよ。

土門拳《どもんけん》が故郷《こきょう》の酒田市に寄贈《きそう》した約《やく》13万5千点の作品を収蔵《しゅうぞう》。土門のライフワークだった「古寺巡礼《こじじゅんれい》」をはじめ、「室生寺《むろうじ》」「ヒロシマ」「筑豊《ちくほう》のこどもたち」「文楽《ぶんらく》」「風貌《ふうぼう》」などの作品を、順次《じゅんじ》公開しています。

画像提供：土門拳記念館

もっと知りたくなったら行ってみよう！

盛岡《もりおか》市《し》先人《せんじん》記念館《きねんかん》

〒020-0866
岩手《いわて》県《けん》盛岡《もりおか》市《し》本宮《もとみや》字《あざ》蛇《へび》屋《や》敷《しき》 2-2
019-659-3338
https://www.mfca.jp/senjin/

新渡戸《にとべ》稲造《いなぞう》や金田一京助《きんだいいちきょうすけ》など盛岡ゆかりの先人130人を紹介《しょうかい》しています。新渡戸稲造記念室《きねんしつ》には、ひとことでは語れないといわれる稲造の足《そく》跡《せき》がわかりやすく紹介され、稲造がつくった子ども靴《ぐつ》や双六《すごろく》、便《びん》せんの落書きの展示《てんじ》から、その人柄《ひとがら》に触《ふ》れることができます。なお、稲造の生誕《せいたん》の地は盛岡城跡公園《もりおかじょうあとこうえん》の近くにあります。

新渡戸稲造は1984年から20年間、五千円札の肖像《しょうぞう》だった人物だよ。

画像提供：盛岡市先人記念館

もっと知りたくなったら行ってみよう！

白瀬《しらせ》南極《なんきょく》探検隊《たんけんたい》記念館《きねんかん》

〒 018-0302

秋田県《あきたけん》にかほ市《し》黒川《くろかわ》字《あざ》岩潟《いわがた》 15-3

0184-38-3765

https://shirase-kinenkan.jp/

記念館の建物《たてもの》は氷《ひょう》山《ざん》と白瀬隊《しらせたい》のチームワークをイメージして設計《せっけい》されているんだ。

白瀬矗《しらせのぶ》がどのような船で、どのような装《よそお》いで南《なん》極《きょく》をめざしたのか、またその生涯《しょうがい》を今に伝《つた》えています。白瀬たちの精神《せいしん》を継《つ》いで現在《げんざい》も続《つづ》けられている日本の南極観測隊《かんそくたい》のことも知ることができます。記念館のまわりには、白瀬の生家《せいか》である浄蓮寺《じょうれんじ》の書院《しょいん》や南極公園があります。

画像提供：白瀬南極探検隊記念館

もっと知りたくなったら行ってみよう！

青森県立美術館《あおもりけんりつびじゅつかん》

〒038-0021
青森県《あおもりけん》青森《あおもり》市《し》安田《やすた》字《あざ》近野《ちかの》185
017-783-3000
https://www.aomori-museum.jp/

棟方志功《むなかたしこう》や奈良美智《ならよしとも》など青森県の作家の作品を中心に、シャガールの大作バレエ「アレコ」の背景画《はいけいが》など国内外の作品を収蔵《しゅうぞう》・展示《てんじ》しています。世界文化遺産《せかいぶんかいさん》である三内丸山遺跡《さんないまるやまいせき》のとなりにあり、近くの三内霊園《さんないれいえん》には棟方志功の墓碑《ぼひ》があります。

まだまだいるよ！
東北地方《とうほくちほう》出身の人物

出身地に記念館《きねんかん》がつくられている人物もたくさん。事前に休館日や開館時間を確認《かくにん》して行ってみよう！

野球の大谷翔平《おおたにしょうへい》さん、フィギュアスケートの羽生結弦さんや荒川静香さん、レスリングの伊調馨《ちょうかおり》さんなど、東北出身のアスリートも大活躍《だい》しているニャ

提供：平凡社地図出版／ROOTS 製作委員会／アフロ